ニッポン獅子舞紀行

稲村行真

青弓社

ニッポン獅子舞紀行

目次

第1章 そもそも獅子舞とは

第2章 獅子舞探訪記：北海道・東北篇

第3章 獅子舞探訪記：関東篇

第4章 獅子舞探訪記：中部篇

第5章 獅子舞探訪記：近畿篇

第6章 獅子舞探訪記：四国・中国篇

第7章

獅子舞探訪記：九州・沖縄篇

カバー写真――稲村行真
装丁・本文デザイン――山田信也［ヤマダデザイン室］

まえがき——なぜ獅子舞を取材するのか

もともと全国各地の博物館や郷土資料館巡りをするのが趣味だった。たいがいの展示はパッと見て終わりだったのだが、獅子頭《ししがしら》だけは五分以上凝視していることに気づいた。そのすばらしい形やデザインをしっかり記憶にとどめたいという思いで、写真を撮りまくることもあった。なかでも心を引かれたのは獅子頭の鼻だ。怖い顔の獅子頭だが、鼻だけを眺めるとなぜかかわいらしく思えてくる。

どこか気になっていた獅子舞という存在に、グッと入り込んでみようと思ったのが二〇一八年末のこと。石川県加賀市三木地区で獅子舞の担い手をしていた知人に約二時間のインタビューを実施し、獅子頭を撮影させてもらった。そのなかで、獅子舞に誇りや熱い思いをもっている担い手がいる一方で、人口減少による担い手不足が進んでいることを知り、もったいないと感じた。それから次の町、次の町、と芋づる式で獅子舞の担い手や町の代表者を紹介してもらい取材をしてきた。この取材を通して、加賀市は全国的にみても獅子舞の数と種類が豊富な場所だとわかってきた。それどころか、加賀市には北は東北、南は九州など、日本全国から獅子舞文化が伝来してきたという歴史がある。北前船や北国街道をはじめとした交通の要衝だったことが、獅子舞文化の集積につながったのだ。加賀市内の百二十七町に存在する獅子舞をすべて取材するなかで、視野は全国へと広がっていった。こうして、石川県加賀市で獅子舞にのめり込んだ僕は、日本全国の獅子舞を取材して歩くようになったのだ。そのなかで、漁村では荒々しい波を表現する大漁祈願の獅子舞に、農村では田んぼに祈りを捧げる五穀豊穣の獅子舞に出合うことができた。獅子舞を

図1　獅子頭はライオンや鹿、猪など地域ごとにモチーフが異なり、神社や公民館、地域住民の家などに保管されている。本画は筆者が石川県加賀市黒崎町の獅子頭を描いたもの

知ることは、地域の暮らしやそこに存在する祈りを知ることでもある。

獅子舞の研究を始めて五年がたった。日本全国五百以上の獅子舞を取材して、ウェブメディアや新聞などのライターとして記事を書いてきた。最初は自腹で取材をしたこともあったが、次第に原稿料をいただくようになり、交通費支給で取材することも多くなっていった。どうやって五年間で五百以上の獅子舞を取材できたのかと聞かれることも多い。ときには一日に五つ以上の地域を回って獅子舞を取材したこともあった。毎週、日本全国を飛び回る生活である。まずはハブとなる滞在場所を決めて、そこから近い神社や公民館に電話をしたり、祭りに出かけたりして、地域の人にインタビューを繰り返す。気がつくといつの間にか獅子友（獅子舞をともに語れる仲間）が増えている。電話が通じないときは、道端を歩いているおじさんに「この地域の獅子舞のことを何か知っていますか？」と声をかける。それが功を奏して、たっぷり話を聞かせてもらったうえ、家に招かれてお菓子やお茶をご馳走になることもある。そこで聞いた貴重な話をブログや本などにまとめてきたのだ。

獅子舞取材には本当にさまざまな困難がある。夜行バスに四日連続で乗って、お尻や腰が痛くなりながらも、がまんして取材先に向かったこともあった。あるときは獅子舞後の打ち上げの盆踊りに参加して酔い倒れ、目覚めたら神社の軒下で寝ていた。またあるときは獅子舞が家々を回るのについていき、そのうちの一軒の玄関前に用意されていたプールにみんなで飛び込んで財布のなかに入っていたパスポートやお札がびしょびしょになり、夜に扇風機でひたすら乾かしたこともあった。取材は地域の人と同じ気持ちになることでもある。そうすることで得られた貴重な話や自分の身体で感じた生の情報が執筆の原動力になってきた。

獅子舞の取材を進めるうちに「稲村くんと話していると獅子舞と話しているみたいだ」と言われるようになった。僕は話をするときに「獅子舞的には……」という言葉をよく使う。「この空間は獅子舞が舞いやすそうだ」「そこに座っている人の頭は獅子舞が噛みやすそうだ」などという話をする。獅子舞の気持ちに入り込むあまりに、町中のあらゆる場所で獅子舞がうごめいているのを想像するようになったのだ。その思いが募って、現在は獅子舞関係のさまざまな仕事をしている。執筆、撮影、講演、ツアーガイド、祭りの企画・運営、写真展の開催、「YouTube」への動画投稿、グッズ制作と販売など多岐にわたる。

日本全国五百以上の獅子舞を取材してきたなかで、「獅子舞とは何か」を考えさせられる獅子舞にたくさん出合ってきた。本書で紹介するのは、そのなかでもほんの一部である。インターネット上で調べたり、動画を見たりするだけではわからない世界を紹介したい。獅子舞は地域コミュニティーの中心にあって、人口減少の影響を受けながらも、地域の信頼関係やつながりを築いてきた芸能だ。家を一軒一軒回る「門《かど》付《づ》け」という特徴をもち、日本で最も数が多い民俗芸能でもある。地域を映し出す鏡ともいえる獅子舞から、日本全国の暮らしのいまを考えてみよう。

第1章 そもそも獅子舞とは

お正月に、ショッピングモールなどで獅子舞に頭をガブッと噛まれた経験がある人もいるだろう。「悪いものを取り除いてくれる」「噛まれたら福が訪れる」などといわれているが、実際、なぜ獅子舞に噛まれるといいことがあるのか、と疑問をもっている人も少なくないはずだ。第1章では、そもそも獅子舞とは何かという素朴な疑問を掘り下げ、民俗芸能としての獅子舞の素顔に迫っていこう。

1

獅子舞の「獅子」とは何か

獅子舞の「シシ」という言葉には、ライオン、カモシカ（アオシシ）、鹿（カノシシ）、猪、熊などの野生動物が含まれる。昔からライオンが身近に存在していた西アジアでは、ときに家畜を襲うライオンを人間の敵だととらえることもあれば、その脅威的な強さを借りて味方にしたいと強く願った人もいたことだろう。これは日本での鹿や猪に対する感覚と似ている。害獣として駆除される場合もあれば、生命力の象徴として畏怖の念を感じたり、自然の恵みとして食されたりもする。身近にいる自然界の動物たちに対して、人間は相反する感情を抱いてきたのだ。ときには人間を守ってくれる存在として崇め、ときには人間に害を与える獣としてそれを祓う。このような自然や動物に対する向き合い方が、獅子舞という民俗芸能の基礎を形成してきた。

獅子舞は「正月の縁起物」としてのイメージが強いため、「邪悪なものを退治してくれる」と考える人は多い。日本では古来から、夜回りのときに「火の用心」と言いながらカンカンと鳴らす拍子木や、神社にお参りするときにパンパンと打つ柏手にみられるように、打つ、鳴らす、挟む、叩く、振るなどの行為が空間を浄化する方法の一種だと考えられてきた。一方で「獅子を退治することで邪悪なものを祓う」という場合もある。例えば石川県や富山県によくみられる加賀獅子では、棒や薙刀《なぎなた》、鎖鎌などを使って獅子を退治することで邪悪なものが祓われると考えられている。このように獅子舞には一面的ではない深遠な

観客の頭を噛む三重県の伊勢大神楽の獅子舞（2022年12月24日撮影）

石川県加賀市伊切町の獅子殺しの演舞（2022年9月17日撮影）

世界が広がっているのだ。

では、獅子舞によって邪悪なものが祓われた先にある、かなえたい願いとはなんだろうか。その願いは本当にさまざまだ。家内安全、学業成就、健康祈願などの個人的な願いがある一方で、地域の願いもある。例えば、農業地帯であれば「お米がたくさん取れますように」、漁業地帯であれば「お魚がたくさん取れますように」などだ。その地域ならではの気候、風土、生業《なりわい》などと特に密接なつながりをもっている場合も多い。

獅子舞は人々の願いをなんでもかなえてくれるという、都合がいい存在でもある。そのため、人間の欲求が少し違った方向に向かってしまうこともある。例えば戦後にヤクザたちが個人宅や店に押しかけて、一軒一軒を回る門付けの獅子舞をしながら、ご祝儀という名の金銭を要求する事態が起きた。東京、大阪、広島などの都市部を中心に頻発したこのような事象は、生活物資の不足や貧困、反社会勢力の増加などを背景として広がったと考えられる。これに対抗するように、各地の警察署は押し売りなどと併記するようにして「獅子舞お断り」の看板を発行せざるをえなくなってしまった。このように人々の欲求や願いに密着しているために、行き過ぎると倫理観が疑われるような事態になりかねない。獅子舞には、本当に奥深い世界が広がっている。

2 最初期の獅子舞を想像する

獅子舞の始まりに思いを巡らせてみたい。衝撃的な話になるが、本来の獅子舞は「本物の動物」を使っておこなわれていたかもしれないという。現代でもライオンを手なずけてサーカスに登場させることがあるが、それと似た感覚がある。髙橋裕一「「獅子舞」の歴史と文化、青淵翁ゆかりの獅子舞」（「青淵」二〇一八年三月号、渋沢栄一記念財団）によれば、「中国では民間の雑伎の一つとして「動物調教戯」があり、また、人が動物に扮して演じる「仮想動物戯」があった」（一一ページ）という。猛獣がおとなしくなる姿は人々の興味を引いただろう。人間が獅子を操る獅子舞が日本全国に広がっているのは、その名残かもしれない。

あるいは、死んだ獣をかぶって舞ったという説も考えられる。柳田國男「獅子舞考」（「民俗芸術」第三巻第一号、民俗芸術の会、一九三〇年）には「獅子舞の異国風が模倣せられる以前、我々は既にカノシシ〔鹿：引用者注〕の頭を以て祭に仕へる習はしを持つて居た」（二四五ページ）とある。岩手県の遠野市立博物館の第四十五回特別展「遠野の民俗芸能　シシ・シカ・ゴンゲン――遠野のしし踊りをめぐって」（二〇〇二年九月）は、岩手県江刺市の「餅《もち》田《た》鹿《しし》踊《おどり》」の起源について「鹿の皮を着て踊った供養踊りに始まるという」と解説していた。また静岡県川根本町に伝わる「鹿《しか》ん舞《まい》」は非常に写実的な鹿頭を頭に頂き舞う。いずれにしても、当初は本物の動物に限りなく近い形で、獅子舞という芸能が生み出されたのだろう。

そこから大衆に普及していく過程で、本物の動物よりも扱いやすい獅子頭や胴体が作られて、今日の獅子舞が生まれた。現代の風潮からすると、生き物を神前に捧げるために殺すことは動物愛護の観点から一種のタブーになりつつある。食肉加工のプロセスでもその工程が可視化されることなく、われわれは切り身の状態をスーパーマーケットで見ることがほとんどである。あるいは、現代では食品の腐敗を防ぐために保存料が添加されるように、死した動物をどう保存するかという問題もある。獅子舞も本物の動物から仮の姿（主に木製の獅子頭や布製の胴幕）へと変貌を遂げることで、象徴的な姿で保存と継承が可能になったともいえるだろう。

3
獅子舞はどのように日本全国に定着したのか

それでは具体的に、獅子舞がどのようにして日本に伝わったのかについてみていこう。インド東部、西アジア、アフリカなどに生息する百獣の王ライオンと隣り合わせで暮らす人間はそれを畏怖し、王城の守護獣としてライオン像を彫り、王権の誇示のためにライオン狩りをした。百獣の王を祭りの場に登場させるのは、インドから東アジアの人々の発想である。日本で今日獅子舞と呼ばれる芸能の古層には、日本に生息する獣である鹿や猪などの「シシ」への祈りがある。そこに、中国で生み出されたライオンを模した霊獣である「獅子」が合流した。柳田國男は「獅子舞考」で「食用の獣類を、日本語でシシと謂つたこと、是が偶然ながらも獅子舞の普及を容易ならしめて、この輸入舞楽の幾つかの特徴が段々に固有宗教の祭儀に採用せられることになつた」（二四三ページ）と記し、大陸系の民間信仰が日本古来の芸能に合流したことを述べている。また鷹田義一は『獅子舞史考』（私家版、一九九〇年）で、北方系のシベリア方面から南下して定着した縄文文化に、中国や朝鮮半島からきた大陸系の弥生文化が合流したことで、現在につながる獅子舞が形作られていったと論じている。

大陸系の獅子が伝来する以前の、獅子舞の源流とみられる芸能の記録をさかのぼると、例えば五世紀には弘計王《おけおう》（のちの顕宗《けんぞう》天皇）が新築祝いの席で鹿の角を捧げて舞い、鹿に扮して身ぶりを演じた『万葉集』巻十六の「乞食者詠《ほかいびとのうた》」がある。この歌の源流は狩猟民の歌であり、狩猟採集生活の名残をとどめていることがわかる。ここでは狩猟者が狩られる牡鹿になって、自身の死と身体加工の過程を語る。生え替わる鹿の角は生命の永遠性を象徴し、薬効もある。そんな鹿を崇敬し、己と鹿を歌によって融合させることで、鹿の生命の永遠性を取り入れていく。猪股ときわは「異類に成る――「乞食者詠」の鹿の歌から」(「日本文学」第五十八巻第六号、日本文学協会、二〇〇九年)で、このことを「人と動物、動物と植物との区別が生じる以前の、より大きな生命レベルに触れようとする営み」(九ページ)と表現する。

では、大陸系の獅子舞はどのようにして日本に伝来したのだろうか。『日本書紀』巻二十二には、六一二年に朝鮮半島・百済の味摩之《みまし》という人物が、日本の奈良に伎楽《ぎがく》を伝えたことが記されている。この伎楽という芸能に獅子舞が登場することから、少なくともこの時期には大陸系の獅子舞が伝来していたとされる。味摩之がこのときに伝えた獅子舞は中国の揚子江南部に伝えられてきた形態で、朝鮮半島にそれを持ち帰るだけでなく、奈良にも伝えたという経緯だ。伎楽の獅子舞は聖徳太子が当時設立した日本最古の芸能研究所で

山形県山形市「磐司祭・第19回全国獅子踊りフェスティバル」で、約1,200年の歴史を誇る鹿楽《から》招旭踊《おきあさひおどり》の演舞。土地の固有性を強く反映した、カモシカを模した一人立ちの舞い(2023年8月6日撮影)

大阪府大阪市四天王寺で聖徳太子の命日をしのんでおこなわれる聖霊会に登場する天王寺舞楽の獅子は、伎楽を源流としていて、大陸系の非常に古い獅子の形態をいまに伝える。起源は推古天皇の時代にさかのぼり、約1,400年の歴史がある（2024年4月22日撮影）

ある「土舞台」などがあった桜井という地で、地域の子どもたちに伝承された。この伎楽の獅子舞は七五二年の東大寺大仏殿の開眼供養式典でも演じられ、徐々に日本各地に広がった。

中世になると伎楽は廃れたが、獅子舞がもつ「祓い清める」という性格が、日本人の心情に重なったのだろう。その後も、獅子舞は全国各地に伝播しつづけた。中世以降の東北地方では、熊野信仰のもとで「神様の仮の姿」として神格化され、それが山伏の神楽に取り入れられ「権現様」などの名称で普及していった。それまでは神様の使いと見なされることが多い獅子だったが、ここでは獅子自体が神格化されている。また江戸時代以降には伊勢信仰を広める「伊勢大神楽」が流行して、そのありがたい神楽を自分の家に招き入れてかまど祓いをしてもらい、火伏せや無病息災などを祈念した。このように日本各地へと伝播するなかで、その土地の気候・風土や暮らしなどと結び付き、個性あふれる舞い方やデザインが誕生した。獅子舞を統率するような全国組織はなく、舞い方やデザインも決まっていない。個性豊かでバラエティーに富む今日の獅子舞文化は、このように形成されてきたのだ。

4 日本全国に分布する獅子舞

前述のように、獅子舞は日本で最も数が多い民俗芸能ともいわれている。本田安次が「獅子舞考」（「日本民俗学」第五巻第一号、日本民俗学会、一九五七年）で「獅子舞は殆ど日本全国に行われてゐると云つてよい」（五二ページ）と述べているように、獅子舞は全国各地に普及している。髙橋裕一「獅子舞の定義と構造・分布」（「藝能」第五号、藝能学会、一九九九年）によれば、執筆当時、獅子舞が実施されていた地域は全国で約八千にものぼったという。現在は、約七千カ所に減っているともいわれている。獅子舞実施団体数を四十七都道府県別に色分けした図（図2）をみてみよう。獅子舞文

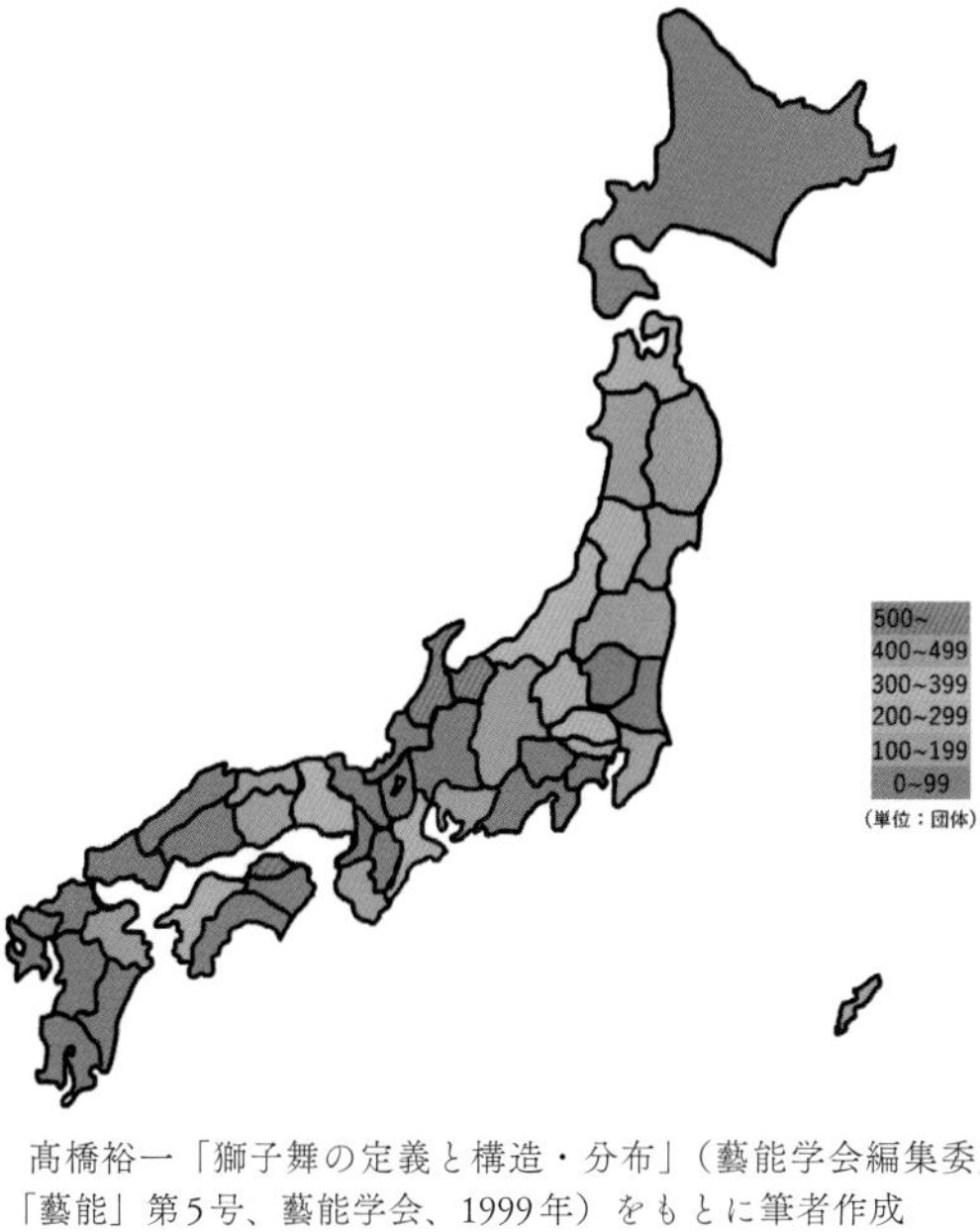

図2　髙橋裕一「獅子舞の定義と構造・分布」（藝能学会編集委員会編「藝能」第5号、藝能学会、1999年）をもとに筆者作成

岩手県奥州市「江刺甚句《えさしじんく》まつり」に登場する太鼓踊り系のしし踊り（2023年5月4日撮影）

岩手県北上市「北上・みちのく芸能まつり」に登場する権現舞（2023年8月5日撮影）

化は全国四十七都道府県に分布しているが、盛んな地域とそうでない地域があることが見て取れる。図2からもわかるように、石川県、富山県、香川県は特に獅子舞が盛んな地域といえる。

　それではここで、各地域に分布する獅子舞の舞い方やデザインのなかで特徴的なものをみていこう。その獅子舞の形態と始まりを考えることで、地域の暮らしや祈りのありようが浮かび上がってくる。これが獅子舞にふれる醍醐味である。

東北地方「権現舞」

　青森県、岩手県、秋田県など、東北地方に分布する獅子頭が神様の仮の姿として神格化されて、山伏の神楽として発展した形態だ。山形県の海沿いなどでは「お頭様」などと呼ばれるが、その呼び方には地域差がある。また、舞わずに神社や祠に神様として祀られていることもある（第2章第2節「鳥海修験とともに受け継がれる神遊び「本海獅子舞番楽」（秋田県由利本荘市）」、第3節「巡行地域の広さと歴史の重み「黒森神楽」（岩手県宮古市）」を参照）。

東北地方「しし踊り」

　しし踊りの起源についてはさまざまな説がある。猟師に撃たれた鹿を供養した、鹿の動きを模倣した、五穀豊穣を妨げる風を防ぐための対風呪術をおこなった、などだ。

鹿踊り、獅子踊りなど、その表記はさまざまである。また岩手県などに数多く分布していて、北部の「幕踊り」系と南部の「太鼓踊り」系に分かれる（第2章第4節「人間と動物の境目を踊る「長野獅子踊り」（岩手県遠野市）」を参照）。

東北地方「虎舞《とらまい》」

近松門左衛門の人形浄瑠璃『国性爺合戦』（一七一五年）に登場する虎退治の演目に影響を受け、江戸時代以降に流行した。「一夜にして虎は千里往って千里還る」ともいわれる虎の習性から、航海の安全の守り神と考えられた。岩手県の海沿いに数多く分布しているが、そのほかに海がない山梨県や、神奈川県などにもわずかに分布する。最初は獅子舞の形態だったが、途中から虎舞を取り入れて名称を変更したり、虎の舞いをしているのに獅子舞と呼んだりする場合がある（第2章第5節「獅子舞が虎舞に変化した「門中組虎舞」（岩手県大船渡市）」を参照）。

関東地方「三匹獅子舞」（一人立ち三頭獅子舞）

東日本、とりわけ関東地方に分布している。太鼓を持った三頭の獅子舞が登場して並んで舞う。また、獅子舞の周囲にささら（細い竹などを束ねて製作する楽器）や花笠がいる場合もある。猪などの各地域にいる獣を表現した舞いともいわれている。『日本獅子舞之由来』（出版年不詳）などの巻物に十三世紀の起源説が

岩手県宮古市「津軽石郷土芸能祭」に登場した山田境田虎舞（2021年12月5日撮影）

埼玉県日高市高麗神社の三匹獅子舞（2022年4月3日撮影）

「獅子舞王国さぬき2022」で披露された香川県さぬき市造田・若宮獅子連の獅子舞（2022年11月6日撮影）

石川県金沢市・土方流小坂獅子舞の獅子殺しの演舞（2022年9月17日撮影）

書いてあるが、太鼓踊りをもとに十六世紀から十七世紀に成立したなどの説もある（第2章第8節「けんかを平和的に解決する「彼岸獅子」（福島県会津若松市）」、第3章第2節「方位、天体、季節……万物を体現するケモノ「浦山の獅子舞」（埼玉県秩父市）」を参照）。

北陸地方「加賀獅子」

棒振りと呼ばれる人物が獅子を薙刀や棒などの道具を使って退治する「獅子殺し」の演舞が特徴的である。江戸時代に加賀藩が工芸文化の奨励政策をおこない、獅子頭や胴体の制作が盛んになって普及を後押しした。武芸鍛錬の所作が含まれる「半兵衛流」や「土方流」などの流派が生まれた。石川県や富山県などを中心に分布している（第4章第3節「棒振りが獅子殺しをする「橋立地区の獅子舞」（石川県加賀市）」を参照）。

香川県「猫獅子」

鳴り物がたくさん登場するのが特徴で、複数の太鼓や鉦《かね》が登場する。また、紙製の獅子頭に、絹の油単《ゆたん》（ひとえの布や紙に油を塗ったもの）を使うことも特徴的だ。毛がふさふさした獅子頭を身に着けるその風貌などから「猫獅子」と呼ばれることもある。江戸時代以降に始まったものが多い（第6章第1節「かわいくもにらみを利かせる「猫獅子」（香川県高松市ほか）」を参照）。

鳥取県ほか「麒麟獅子舞」

中国の霊獣である「麒麟」が登場する。麒麟の角には神霊を招き下ろす霊力があると考えられ、麒麟獅子と対峙する猩々《しょうじょう》が持つ朱の棒にも同様の意味がある。麒麟は平和な世の中に現れるといわれるため、政治と統治の安定という願いが込められた獅子舞だ。徳川家康の曾孫にあたる池田光仲が鳥取城主になった際、現在の鳥取東照宮に奉納するための芸能として獅子舞を始めた（第6章第4節「中国の霊獣・麒麟が登場「麒麟獅子舞」（鳥取県鳥取市ほか）」を参照）。

沖縄県「琉球獅子舞」

ぬいぐるみのような胴体をもち、生き物感が強い風貌だ。中国北部の獅子舞が朝鮮半島を経由して伝来し、江戸時代初期にはすでに舞われていたと考えられる。琉球王朝は海外からの使節が訪れるたびに獅子舞を舞ってもてなし、そのときの獅子頭を毎回民間に譲り渡したことなどがきっかけで広まった。また、戦時中にアメリカ軍兵士が獅子頭を祖国に持ち帰って消失するなど、戦争に絡む話題も多い（第7章第4節「アメリカから返還された獅子頭「首里真和志町の獅子舞」（沖縄県那覇市）」を参照）。

智頭農林高等学校郷土芸能部の麒麟獅子舞の公演、猩々（左）と獅子（右）（2021年7月18日撮影）

沖縄県浦添市の国選択無形民俗文化財・勢理客《じっちゃく》の獅子舞（2023年9月29日撮影）

5 獅子頭の歴史と作り方

それでは、ここから獅子舞に使われる道具に着目してみよう。まずは獅子頭である。人間の頭を覆う獅子頭は、獅子舞に変身するために必須の存在だ。

素材は、木彫りの場合は桐の木が多いが、沖縄県ではデイゴの木が使われるなど、地域によっても特色がある。また香川県などでは木だけでなく軽い紙製の獅子頭が多用され、激しい演舞が可能になる。彫り方には、一つの木を彫り進める「一木造り」と、いくつかの木を組み合わせて彫る「寄せ木造り」とがある。この獅子頭制作は分業制でおこなわれ、獅子頭を彫る人、表面に漆を塗る人、頭頂部の馬の毛を扱う人などに分かれている。

また、獅子頭には雄獅子と雌獅子があり、その見分け方はさまざまだ。「黒色が雄で、赤色が雌」「耳が立っているのが雄で、寝ているのが雌」「歯の本数が多いのが雄で、少ないのが雌」など地域ごとの見分け方がある。全国的な決まりはないため、ある地域で聞いた雄雌の見分け方が、ほかの地域では通用しないことも多い。

現存する古い獅子頭といえば、奈良の正倉院には東大寺大仏殿の開眼供養式典に使われたと伝えられる伎楽の獅子頭が保管されている。制作年を知るのには獅子頭に彫られている年記銘が手がかりになる場合がある。この年記銘付きの獅子頭は鎌倉時代以降に急増する。鎌倉時代になると文化の担い手が貴族から

石川県加賀市塩屋町の獅子舞は黒い髪が雄で、白い髪が雌とされる（2021年10月2日撮影）

民衆へと移り変わり、仏像などを彫る職人も増えたことから獅子頭の制作にも拍車がかかったのだろう。現状日本で最も古い年記銘付きの獅子頭は愛知県の日置《へき》八幡宮で見つかっていて、一二五二年（建長四年）制作のものである。田邊三郎助「日本の獅子頭の変遷――形態と技法」（町田市立博物館編「獅子頭――西日本を中心に」〔「町田市立博物館図録」第百五集〕所収、町田市立博物館、一九九七年）をもとに、全国で作られた初期の獅子頭の制作年と場所の分布をみていこう。

・一二八〇年（弘安三年）三重県・伊奈冨《いのう》神社
・一三〇一年（正安三年）広島県・丹生《たんじょう》神社
・一三〇五年（嘉元三年）岐阜県・真木倉《まきくら》神社
・一三〇五年（嘉元三年）山梨県・諏訪神社
・一三〇六年（嘉元四年）岐阜県・諏訪神社
・一三二二年（元亨二年）山口県・花尾八幡宮
・一三二二年（元亨二年）石川県・津波倉《つばくら》神社
・一三二八年（嘉暦三年）熊本県・熊野座神社

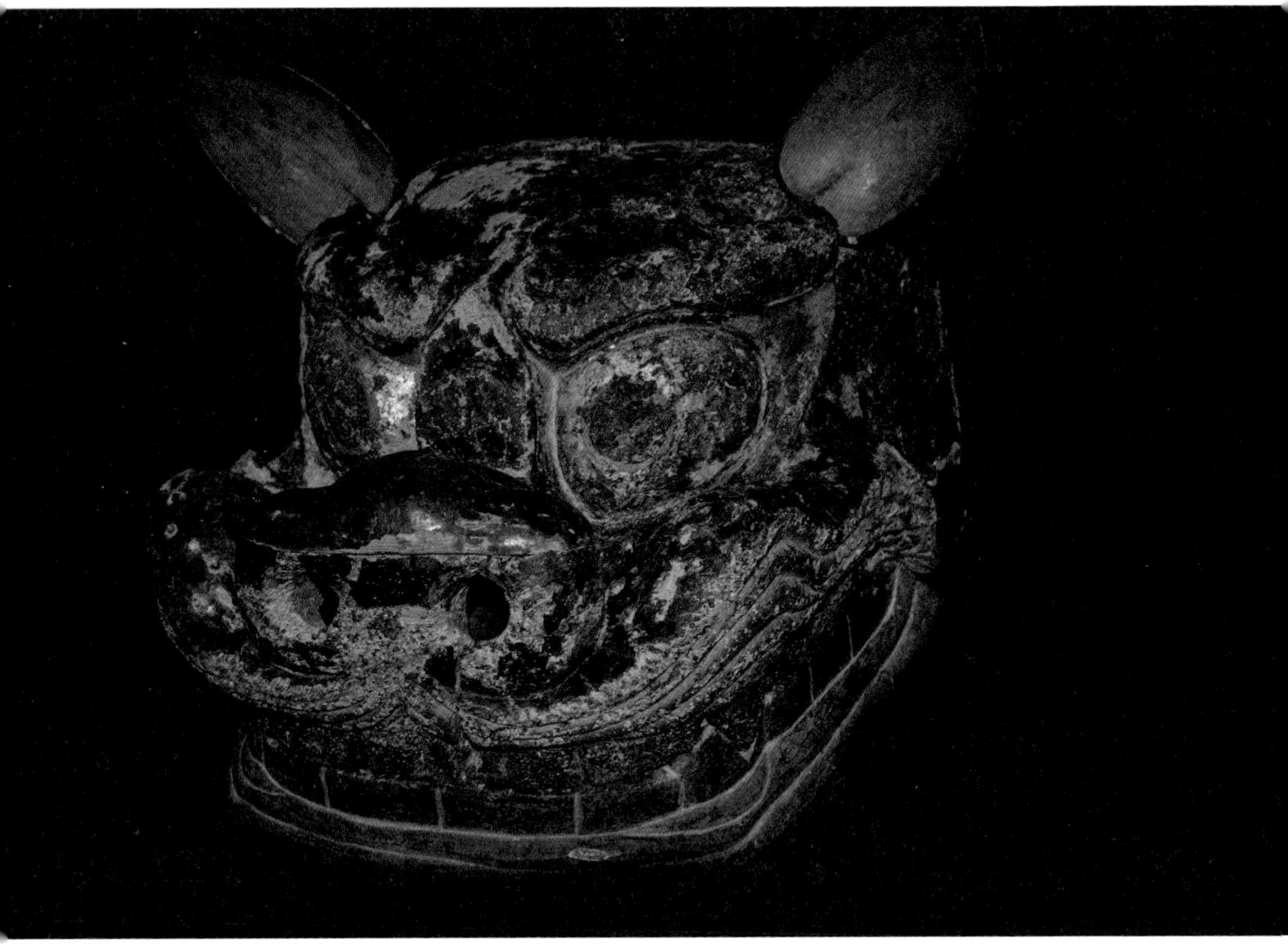
日置八幡宮木造獅子頭（2024年3月9日撮影）

このように、鎌倉時代の獅子頭は、特定の地域だけではなく全国的に分布していることがわかる。

全国的な獅子頭の産地として有名なのは、富山県南砺市井波、石川県白山市鶴来、茨城県石岡市、岐阜県高山市、愛知県名古屋市などである。石川県や富山県の獅子頭は、江戸時代以降、加賀藩の工芸品奨励策のもとでプロの職人によって作られてきたこともあり、高価になった印象が強い。一方で茨城県の石岡市には市民サークルがあり、獅子頭専門のプロでなくても獅子頭を制作できる職人が多数存在する。そのためか、地域によって獅子頭の価格が異なる。加賀市田尻町の獅子頭は四百万円する一方で、石岡市の獅子頭は数十万円で作れるものもあるという。石川県では原材料に使う漆や金箔、鹿の皮などが高価であるだけでなく、造りも一刀彫りが多く、サイズも大きいことが価格の差に関わっているのだろう。一方で、石岡市の獅子頭は漆を使わず、より安価なカシューという塗料を使う場合もある。制作技術の大衆化を目指すか、プロの専業にしていくのか、その方向性は地域によって異なる。富山県井波の場合、欄間（日本の建築で、採光、通風、装飾などの目的で天井と鴨居の間に作る建具の一種）という昭和時代のヒット商品があり、それを作る職人が獅子頭制作も手がけたことから、獅子頭作りもそれとともに発展してきた背景がある。現在は獅子頭作りだけで生計を立てている人はほとんどいない。それでも各地で獅子舞文化を次の世代につないでいきたいと情熱をもって取り組んでいる人々がいる。

ちなみに関東地方の三匹獅子舞では獅子頭に鶏の羽根を取り付ける場合があり、これが非常に高価である。鳥屋の獅子舞（神奈川県相模原市）の取材にいった際、獅子頭を制作した地域の方に「この羽根はいくらくらいしたんですか？」と好奇心で聞いてみると、「二〇〇三年ごろフィリピンで安い鶏の羽根を買ってきた。

石川県白山市鶴来の知田工房での獅子頭の制作風景（2019年2月18日撮影）

鳥屋の獅子舞の獅子頭（2023年8月12日撮影）

日本で羽根を手に入れようとすると一本二千円するけど、フィリピンでは五円程度で手に入るよ」ということだった。しかし、航空券代が十五万円もかかったという。調達には工夫が必要だということがよくわかった。フィリピンにまで行ったという話は今回初めて聞いたのだが、獅子舞に対する愛情を感じられる印象深いエピソードだった。

6 胴幕の歴史と作り方

次に着目するのは獅子舞の胴体の部分である。胴体は一般的には胴幕といわれることが多いが、地域によって呼び方が異なる。茨城県では「幌」、石川県では「蚊帳《かや》」、香川県では「油単《ゆたん》」など、その呼び方はさまざまだ。本書では胴幕という呼び方で統一する。

胴幕の名称の多くは、身の回りにある生活調度品を使用したことに由来する。蚊帳とは蚊など人間の睡眠の妨げになるものの侵入を防ぐための布であり、『日本書紀』にも書いてある。また油単はたんすなどにかけるカバーのことで、これもまた日本人には身近な生活調度品だ。油単には「大事なものをくるむ」という意味があると、香川県の方に教わったこともある。

胴幕は、現在では全国的に綿や麻で作られることが多い。一方で香川県のように、絹を素材として使用する地域もいくつか存在する。絹の場合、かなり細かい柄を装飾として用いることもある。胴幕の制作は今日では染物屋などがおこなう場合が多く、着物やTシャツ、横断幕作りなどと兼業でおこなっている。

胴幕の模様についてもみていこう。胴幕の模様として描かれることが多いのは毛卍紋《けまんもん》といって、ライオンのたてがみを図案化した渦巻き模様である。また牡丹の花を描くことも多い。これは百獣の王ライオンの身体に忍び込んで命を脅かす寄生虫が、牡丹の花から滴る夜露を嫌うことに由来する。そのためライオンは牡丹の花を好み、牡丹の花の下で休息をとるとされる。そのため獅子に牡丹は取り合わせがいいとさ

香川県三豊市・名部戸獅子保存会の美しい油単。「獅子舞王国さぬき2022」で（2022年11月6日撮影）

東京都八王子市・八王子祭囃子連合会の胴幕の模様「毛卍紋」（2022年10月16日撮影）

石川県金沢市の土方流小坂獅子舞の蚊帳は牡丹と獣毛の絵柄（2022年9月17日撮影）

れ、絵柄としてよく用いられるのだ。また徳島県神山町など胴体の色が「黒だと雄」「赤だと雌」といわれる町もあり、胴幕の色が獅子の性別を表すこともある。

胴幕に関して、あるエピソードを紹介したい。二〇二〇年以降の新型コロナウイルス感染症の流行期間、胴幕のなかでは人間同士の接触があるため感染対策が必須になった。特に石川県や富山県、山形県など、胴幕に大人数が入る「百足《むかで》獅子」の形態をもつ地域では、緊急措置として胴幕のなかに人を入れず、獅子頭を持って一人だけで舞う地域もみられた。あるいは石川県金沢市の奥田染色では、地域の祭礼以外のイベント用として、加賀獅子の一般的な模様である牡丹の花を描いた「小さいサイズの蚊帳（胴幕）」を貸し出すという取り組みもおこなわれた。コロナ禍は、獅子舞の胴体「胴幕」に対するさまざまな工夫が生まれた時期でもあったのだ。

7 獅子舞を継承する理由

ここまで獅子舞の歴史や魅力について紹介してきたが、獅子舞が年々減少しつつあることは否めない。その背景としては、まず人口減少と担い手不足があげられる。それに追い打ちをかけるように、大学進学率の向上、趣味、娯楽、所属するコミュニティーの多様化などによって、時間に余裕がない若者が多くなった。近年ではとりわけ、新型コロナウイルスの拡散を防ぐための自粛の影響も大きい。これまで数多くの困難をくぐり抜けてきた獅子舞も、数年間の空白ができたことで、「これを機にやめてしまおう」と決断する地域が多くみられるようになった。このような獅子舞危機の時代に、われわれは何を考えていくべきなのだろうか。

獅子舞は日本全国で最も数が多い民俗芸能であると先に述べたが、なぜこれほどまでに獅子舞が日本人に受け入れられたのかをいま一度考えてみたい。昔の獅子舞は厄祓いなどの祈りの側面が強かったはずだ。奈良時代から鎌倉時代にかけて制作された獅子頭をじっくりと眺めてみると、彫りが深く、ギョッとするような表情の獅子頭も多い。まさに明日死ぬかもしれない人間が彫ったような鬼気迫る表情にみえてくる。そこには疫病退散、五穀豊穣、雨乞いなどの強い願いが込められたのだろう。日本になぜ獅子舞が根付いたのか。その答えの一つには、この祓い清めの精神や信仰心があったと考えられる。

しかし、科学が発達して、雨が降るかどうかを予測できるようになった現代にあって、獅子舞の役割は徐々に変化してきた。獅子舞を地域交流に役立てようという動きが活発化してきたのは、その一つの例である。少子・高齢化や地方の人口減少などによって地域活動が減るなかでも、防災や環境整備など、地域単位で協働しておこなわなければいけないことも多く存在する。地域のイベントとして獅子舞をすることで、楽しく盛り上がり、住民間の多世代交流を進め、地域の絆を深めようという狙いがある。それが近所付き合いやお互いに対する信頼感につながるのだ。近年では東日本大震災の際に避難先の仮設住宅で舞った獅子舞もある。地域の助け合いという点で、最も獅子舞が必要とされた現場の一つだったかもしれない。

また前述のとおり、獅子舞には家を一軒一軒舞い歩く門付けという風習がある。ご祝儀という名の金銭を手渡すことで、獅子舞が舞ってくれたり頭を噛んでくれたりする。商売をしている店がご祝儀を払う場合は、店に恩義を感じた獅子舞の担い手たちが常連客になるかもしれない。つまり、獅子舞が地域のコミュニケーションのきっかけになることもあるのだ。集まったご祝儀は地域の人々の飲み代に消える場合もあれば、カラオケやバス旅行など、地域での娯楽の費用になることもある。あるいはそれを貯蓄して、獅子頭の修理や祭り道具の購入などの新しい投資につなげる場合もあるのだ。つまり、地域の財源を作れるという点も獅子舞の強みであり、その収益は百万円以上にのぼることもある。獅子舞の取材をした石川県のとある地域では、祭りの担い手不足が進み「子ども神輿と獅子舞どちらを残すか」という会議がおこなわれたそうだ。結果的には、町の資金を作れることが決め手になって獅子舞を残すことに決定したという。

ほかにも、これまで獅子舞の取材を通してさまざまな声を聞いてきた。獅子舞を残すことに前向きな地域で、獅子舞がどのような存在として考えられているかを紹介したい。これらは全国的によく聞かれる声である。

・獅子舞自体がとにかくかっこいいし、それをしている大人もかっこいい。

・獅子舞をしていると、普段は会話をしないほかの世代の人たちと交流できて楽しい。
・獅子舞は自分たちの町の誇りで、一年のうちでいちばん町が元気になる。
・獅子舞が終わったあとにみんなでお酒を飲むのが楽しい。
・獅子舞をしていたら自然と異性と仲良くなって、気づいたら結婚していた。
・獅子舞をして仲のいい友人ができた。大学で県外に行ってもまた戻りたい。

それでも獅子舞が減少している昨今、獅子舞を受け継いでいくには工夫が必要だ。もともと獅子舞は地域の神社の氏子や、町内会など地域単位で実施されてきた。娯楽がない時代は獅子舞に参加することが当たり前で、半分義務のような側面があったが、いまではこれが有志の集まりへと変化しつつある。組織形態も若連中や青年団などの二十代を中心にしたものもあれば、保存会という形態で年齢制限をなくして参加の間口を広げる場合も多い。また、かつては男性、とりわけ長男が担い手の中心だったが、女性も含めて獅子舞を実施していこうという機運も高まりつつある。取り組みやすいように、まずは笛などのお囃子から参加を勧めることもある。獅子頭が重く、力強い舞い方を継承してきた地域では、舞い手として女性を募集できないという物理的な制約があり、課題も多い。また担い手の確保は一つの地域だけでは難しくなり、近隣地域にも募集をかけている場合もある。このように獅子舞はまるで軟体動物のように変化しながら、地域のなかで生き続けているのだ。

半世紀、獅子の胴幕を作り続けてきたおっちゃん

――玉作栄一さん（獅子蚊帳職人）

獅子舞は、舞い手だけではなく本当に多くの人が関わりながら今日まで受け継がれてきている。そこでこのコラムでは、取材のなかで出会った、さまざまなかたちで獅子舞に携わる「人」に注目しよう。

石川県加賀市黒崎町で獅子舞を取材した際、黒崎青年団OBの方に「絶対に会うべきだ」と強く勧められ、その場で電話をして会う約束を取りつけた人がいる。それが玉作栄一さん、六十六歳（二〇二一年当時）。獅子舞が盛んな石川県で、獅子舞の蚊帳（胴幕）のほとんどを作ってきたそうで、表舞台に名前が出てこない、知られざる巨匠である。

玉作さんは、無類の酒好きだ。青年団の方に「鏡月は絶対に持っていったほうがいい」と念押しをされていたので、取材前にあらかじめ購入しておいた。二〇二一年十月九日、石川県羽咋郡のJR宝達駅で電車を降りて駅からほど近い玉作さんの工場に向かった。到着したのは午前十時ごろ。家の看板には「巨匠 玉作染工場」と屋号が書かれていた。食卓に座るなり「コーヒーにするか、お茶にするか、酒にするか、焼酎にするか、ビールにするか？」などと聞かれた。「いきなりお酒か？」と内心面白がっていたが、話の展開が早くてすぐに話題が切り替わったので夫人が緑茶を入れて出してくれた。タバコの煙がもくもくと立ち込めるなかで、蚊帳作りの話を聞くことになった。

玉作さんが蚊帳を作り始めたのは、なんと十六歳のとき。まずは地元の金沢を離れて岐阜の職人に三年間弟子入りし、その後、金沢に戻って工房を構えた。そしていまは能登半島の宝達志水町に引っ越して仕事を続けている。「能登も祭りが盛んな地域だから、蚊帳を作りたい人もおるやろう。生活するにも静かでええぞ。花

「巨匠 玉作染工場」の看板と玉作さん

嫁電車が通ってくようなとこや」。蚊帳を作り続けて半世紀以上になり、その技術は非常に洗練されている。「よそさまのところで作るときは、麻生地を反応性染料で化学反応させて、皮膚が溶ける苛性ソーダを使うこともある。でも、これだと何年かすると生地も弱るんや。うちの場合は染料に樹脂を入れることで、麻生地を固着させる。だからもつんや。昔は粉の顔料に卵の黄身を入れていた。卵をとにかくいっぱい使って固着させていた。昔々の話やぞ」と玉作さん。石川県や近隣の富山県はもちろん、四国からも注文がくるという。

　蚊帳作りの工程は次のようなものだ。下絵を描き、そこに染料が染み込まないように糊をのせてから彩色。乾燥させたあと、蒸して染料を定着させる。最後に水洗いをして糊を取ると、絵柄がきれいに浮き上がる。最短一週間ほどで完成だ。「四国の人いわく、うちは京都で作るものの半額以下でできるらしい。中間業者が入った場合はもう少し高くなる。わしは自分が作ったもんは修理は無料や。ほかだと修理にもお金がかかることがある。祭りが終わったら毎回、黒崎のもんらは焼酎とウイスキーとビール一ケースを持ってやってくる。蚊帳に穴が空いているからって毎年直しにくる。「そんなもん、預け番（あとで修理する意味）にすんぞ！」と言うけれど、「はい、とうちゃん！」って毎回持ってくる。イヤって言わんがい。そういうお付き合いや。気持ちで動くほうやさかい」

そのような玉作さんの一日は釣りから始まる。「今日は十三センチのキスが釣れた。まだちっちゃいわ」と手を広げて語ってくれた。玉作さんは釣りの名人でもあるらしい。普段はお酒を飲むか蚊帳作りに没頭するか。そういう生活を送っている。

これから中能登に行ってきますと言ったら、「いろんな人によろしく言うといてな！　また来いや」と言って大量の名刺を渡された。夫人とタバコをふかしてから、僕を駅まで送り届けて去っていった。嵐のような二時間だった。蚊帳作りの巨匠に、人生を楽しむすべを教わった気がする。

獅子舞の蚊帳（胴幕）。玉作さんが描いた牡丹の模様は色鮮やかで美しい。「バンクシーよりうめえがいや」と褒められて、「パンクシー（スラングのパンクとアーティストのバンクシーがかけられている）」と呼ばれたこともあるという

未来の獅子舞の姿を考えた地域住民

――内堀泰行さん、茂木康生さん、須藤尚人さんほか（長野県北佐久郡御代田町塩野区役員）

二〇二二年十二月末、長野県北佐久郡御代田町塩野区の地域住民から「Facebook」経由で連絡がきた。「獅子舞の歴史を調べていたら稲村さんの記事（獅子舞の起源に関するウェブ記事）に辿り着きました。記事を印刷して、公民館に掲示させていただいてもよろしいでしょうか？　地元の伝統として引き継いでいくにはどうしたらいいのかと模索するなかで、稲村さんの記事を拝見しご連絡した次第です」

一月一日になってもやりとりは続いていた。地域に受け継がれる獅子舞の話を聞いてみると、「新型コロナウイルスの流行を機に、家を一軒一軒門付けして回るのではなく、地域の主な四拠点を回る形に変えました。その結果、地域に住む方々がお正月の二日に集う場もできました」とのこと。新しい獅子舞のやり方に興味をそそられ、祭りの前日だったにもかかわらず、突然、「明日、獅子舞を見にうかがってもよろしいでしょうか？」と連絡した。この獅子舞を取材することには絶対に意味がある。コロナ禍での獅子舞の変化を観察することで、未来の獅子舞のあり方を考えるための重要なヒントが隠されている気がする。そう思い立ち、次の日の始発の電車で長野県へと向かった。

獅子舞は午前十時から午前中いっぱい開催された。道祖神前、消防団詰め所、塩野世代間交流センター、第一集会と四カ所で獅子舞がおこなわれ、各拠点では演舞後に毎回集合写真を撮り、獅子に噛まれる地域住民の笑顔あふれる姿が印象的だった。この各拠点での獅子舞を実施するまでには、広報担当の須藤尚人さんの尽力があった。家を一軒一軒回るときよりも大きな音量のお囃子が必要だったため、音響を導入するなどの工夫がなされた。また以前よりも大きな空間を目いっぱい使って舞うために舞い方を多少変えざるをえなかったが、獅子頭は見ている人の方向を向くように徹底したという。

獅子舞実施後、三十分程度の振り返り会がおこなわれ、副区長の茂木康生さんは、子どもたちに「獅子舞をよりよくするためにはどうしたらいいか?」と意見を求めた。「太鼓は重くなかったかな?」という質問に、小学五年生の子どもたちは「思ったよりは重かった」「二人ペアで交代にしたら大丈夫だったが、一人で持っていたら重かったと思う」などと答えていた。子どもたちからあがった意見は来年以降の獅子舞に生かされるようだ。伝統を受け継いでいくなかでは、年長者が子どもに教えるだけではなく、年長者が子どもから教わることもある。

振り返り会の終了後、区長の内堀泰行さんに獅子舞を実施した感想を聞いた。「コロナ禍になる前までは、例年にならって継続してきました。でもコロナ禍になって地域の方への感染を防ぐために獅子舞が中止になり、獅子舞をもう一度見直すきっかけになりました。昔は襖を取っ払って布団を押し入れに入れれば広い空間ができましたが、いまは部屋にベッドを置くので空間が狭くなり、個室という考え方も生まれています。だから玄関

獅子舞実施後、約30分の振り返り会で子どもと膝を突き合わせて話す副区長の茂木康生さん

長野県北佐久郡御代田町塩野区の獅子舞

から家のなかまで入ってくる獅子舞に生活様式とのずれを感じることもあります。コロナ禍での感染防止に加えて、生活様式のことも考えて、今回のように拠点だけを回る獅子舞にしたのです」。この地域の獅子舞はどこまでも未来へと向かっていく。区役員の方々は大きな決断を下し、勇気ある一歩を踏み出した。

第2章

獅子舞探訪記：北海道・東北篇

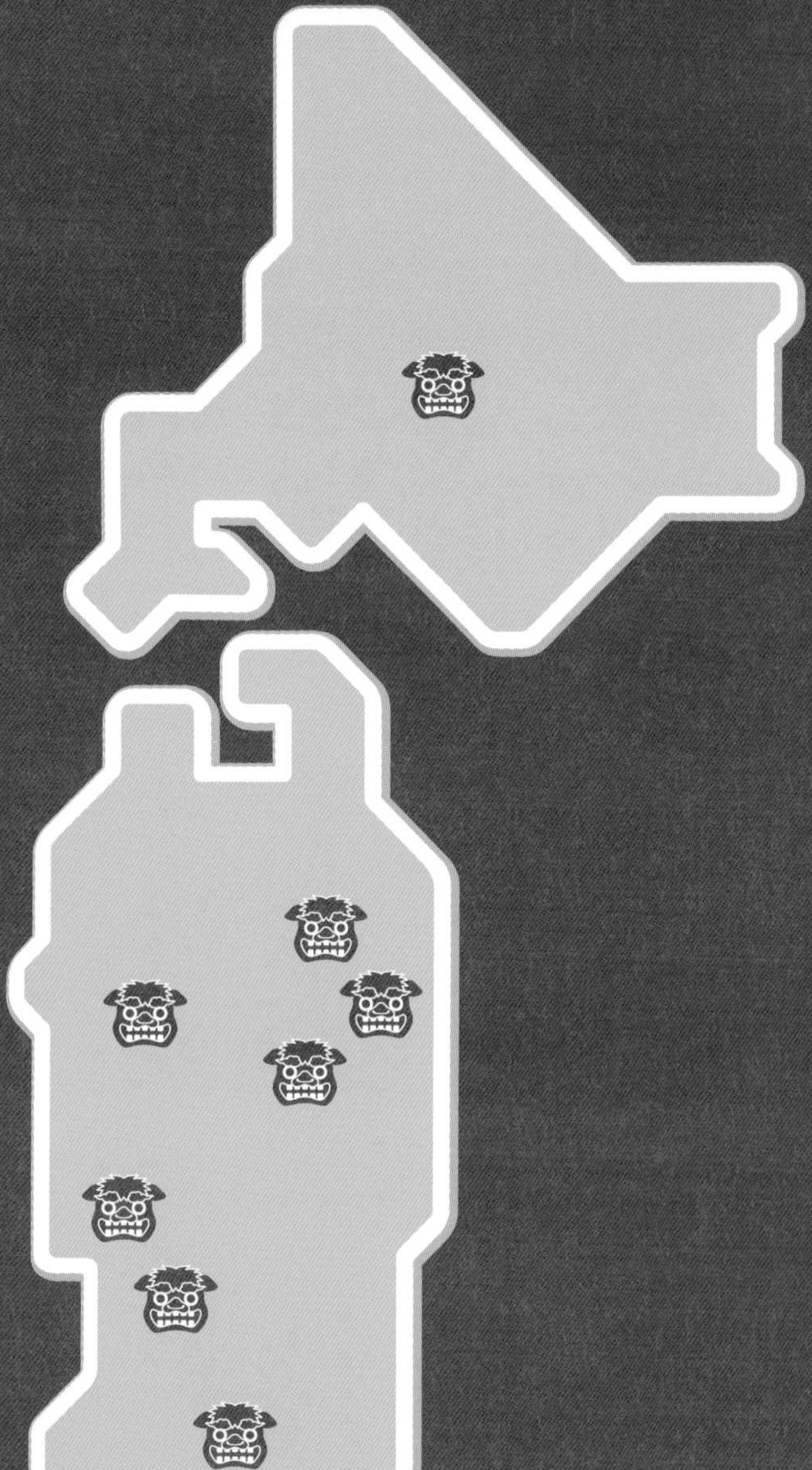

ここからは、僕が日本を旅するなかで出合った獅子舞をエピソードとともに紹介しよう。日本全国五百件以上の獅子舞を取材してきた僕ならではの視点で「この獅子舞は何としても入れておきたい」という思いで厳選した三十二の獅子舞を紹介する。

まず北海道には、明治以降に入植した人々が富山県、鳥取県、香川県など日本各地の獅子舞を伝えた。東北には、全域的に分布するしし踊り、北部に多く分布する神楽の権現舞や番楽、三陸沿岸部に広がる虎舞など多様な形態がある。

1

故郷を思う開拓者の舞い
「浦幌獅子舞」
（北海道十勝郡浦幌町）

物語の始まりは十年以上前にさかのぼる。二〇一一年七月七日、北海道十勝郡浦幌町の海岸線を七キロにわたって歩くウォーキングイベントがおこなわれ、それに参加した女性二人が海岸に流れ着いている獅子頭を発見した。どうやら東日本大震災による津波で流されて漂着したようだ。耳は根元から折れていて、エボシガイが数十個付着した状態だった。「祭りの日にあるべき場所に戻したい」という思いから、女性の一人が獅子頭を家に持ち帰った。その数日後の七月十三日には「北海道新聞」、七月十四日には「岩手日報」に、それぞれ「獅子頭の持ち主を探しています」という内容の記事が出たものの、持ち主は現れなかった。それから十年がたったが持ち主は見つからない。そのため、この獅子頭は浦幌町立博物館に寄贈された。

二〇二一年九月四日、浦幌町立博物館の学芸員が発信する「Twitter」が更新された。「このたび、芽室町在住の方から、二〇一一年七月に昆布刈石海岸で拾った獅子頭をお預かりしました。東日本大震災による漂着物です。この獅子頭の持ち主を探そうと思います」というその発信は五百以上もリツイートされた。それを知った僕は、いても立ってもいられなくなり、博物館に問い合わせた。「獅子舞研究者の僕なら自分の人脈や知識を使って、持ち主を探し出すことができるのではないか」と思ったからだ。返信はなかったが、それからしばらくたって博物館に電話してみると、「ぜひお越しください」という返答をもらった。

漂着した獅子頭（前面）

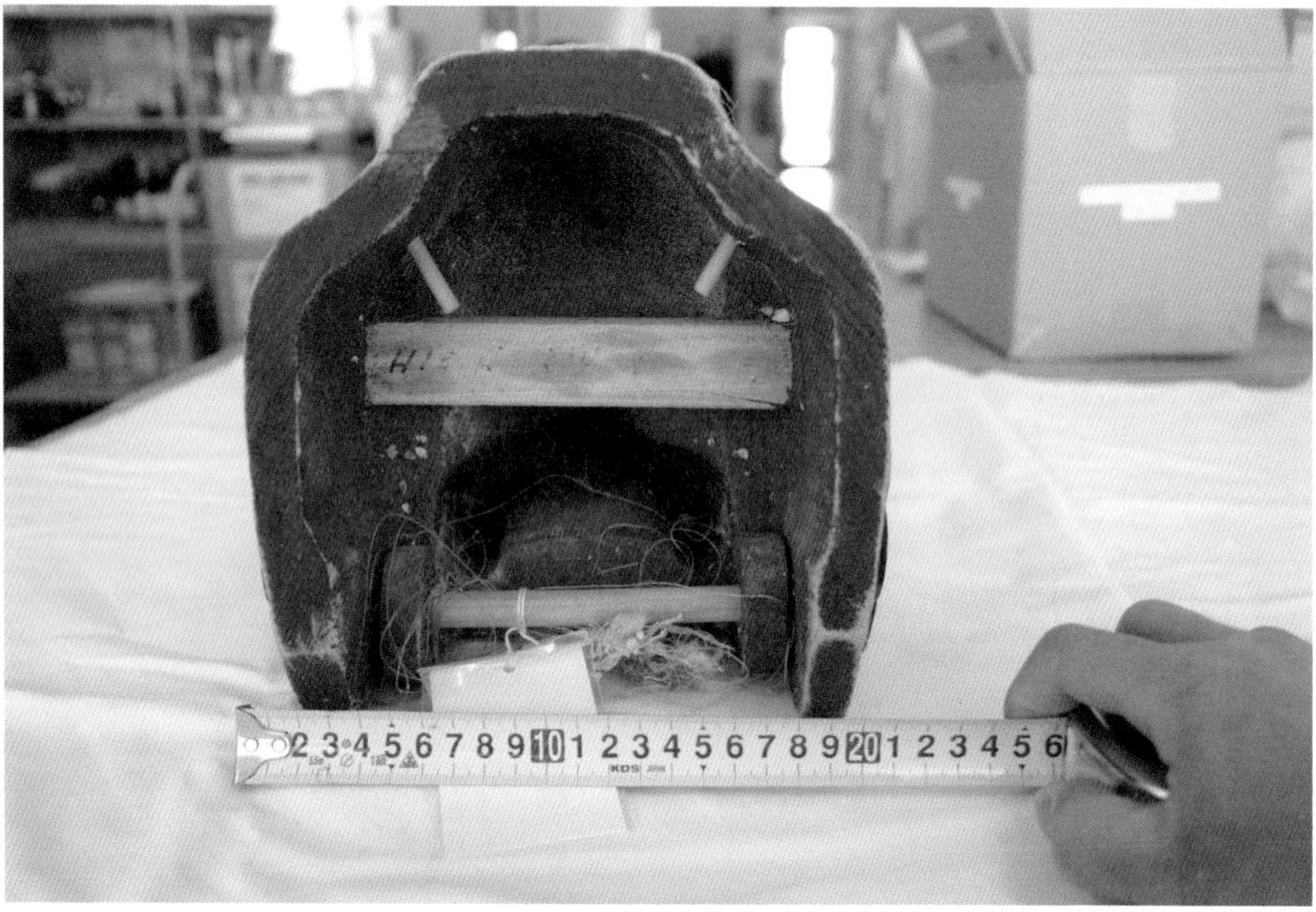

漂着した獅子頭（背面）

翌年の二月二十六日に現地を訪れた。大雪のなか、何度も飛行機の欠航に遭いながら、新千歳空港に到着。それから一日かけて帯広まで移動して、翌日の早朝に博物館に着き、さっそく念願の獅子頭を見せてもらった。漂着したとは思えないほどに美しい。しかし、実際に獅子舞に使うには顎の作りが簡素で、幕穴に糸を付けた擦り傷がないことから、飾り用の獅子頭の可能性が高い。または子どもの遊び道具か、祭礼で子ども獅子として使われていたものだろう。塗りに関しては良好な状態だ。裏側には獅子頭が制作された年月日が記されていて、判然としないが「H.18.4.24（平成十八年四月二十四日）」にみえなくもない。寸法は高さ二十五センチ、横幅と奥行きが各二十センチほどであり、獅子頭としてはやはり小型だ。残念ながら、僕もこの獅子頭の持ち主を探し出すことはできなかった。獅子頭の形態が全国的にみられるもので、かつ祭礼用ではなく個人所有の獅子頭である可能性が高いため、地域的な特徴に当てはめにくかったのが大きな要因だ。SNSやウェブ記事で発信したが、これにも反応はなかった。

ところで、持ち主不明の獅子頭とともに興味を引かれたのは、浦幌町に受け継がれる獅子舞に関する展示だ。この展示によって、思いがけず北海道の獅子舞に関して非常に興味深い知見を得ることができた。浦幌町に現存する獅子舞は富山県氷見地方から伝えられたものだったのだ。石川県津幡町由来のものもあったが、いまは途絶えている。動画を見てみると、お囃子の音色が以前、能登半島で見た獅子舞と全く同じでびっくりした。また鉦、太鼓、笛という楽器構成や、ご祝儀をもらったときのかけ声も加賀や能登でみられるものだ。学芸員の話では「伝来元である富山の獅子舞よりも、浦幌の獅子舞のほうが古い形態を残しているという話もあるんですよ」ということだ。

その背景には開拓民の歴史があるようだ。明治時代、浦幌町には富山県や石川県の人々が集団で移住してきた。本土での貧しさを乗り越えるために、土地を求めて移住してきたのだ。しかし、開拓には相当な苦労があっただろう。つらい日々のなかで故郷をしのび、日常生活のなかで手に入る身の回りのものを使

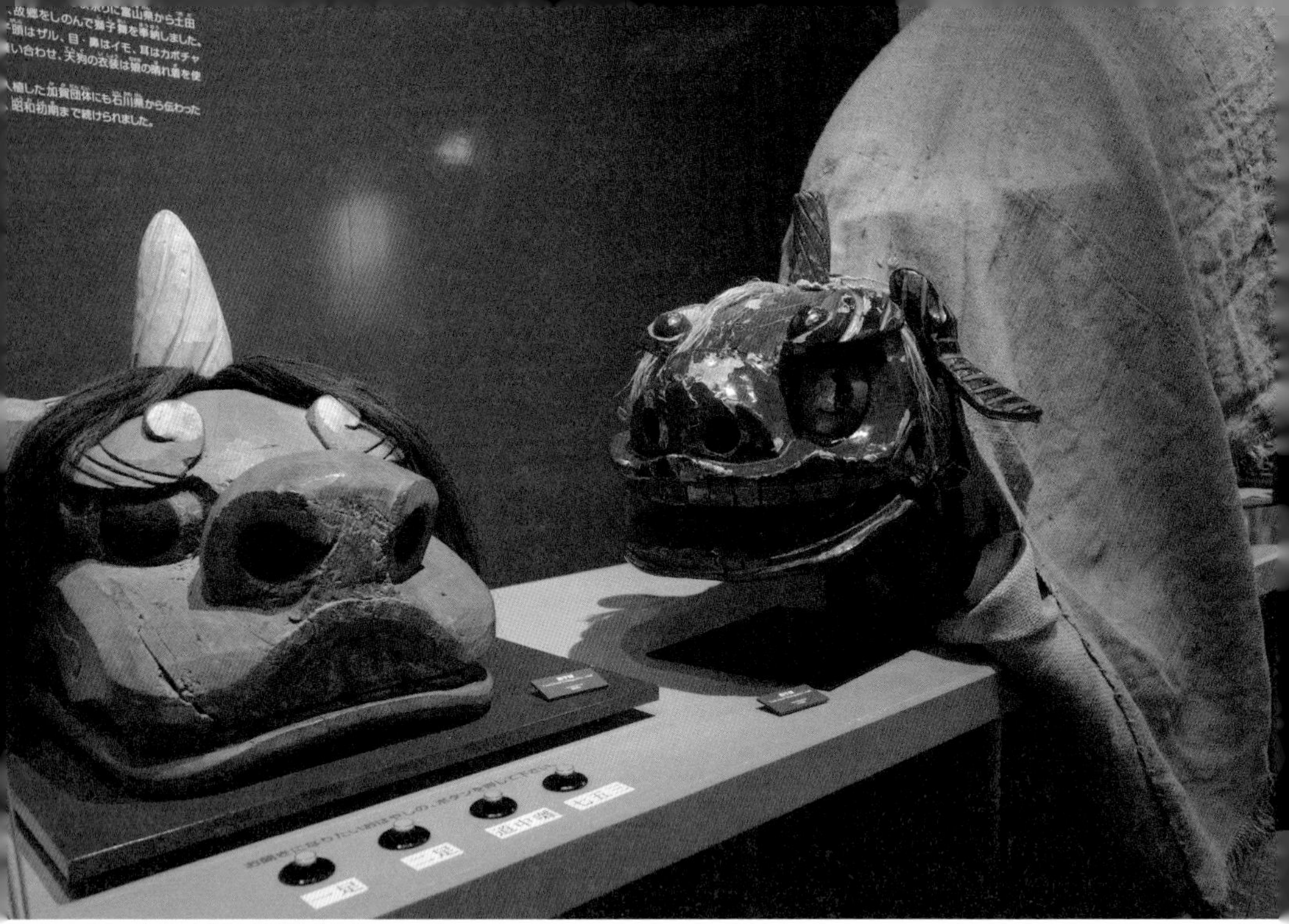

浦幌開拓獅子舞ではワタドロ（昔、軽く軟らかいという利点は大きいが、工作機の切刃が磨耗しやすいことから「根から泥を吸い込む奇怪な性質をもつ木」と恐れられた）で作られた獅子頭（左）や、米を入れる南京袋（麻袋）を縫い合わせた胴幕（右）を使った獅子舞がおこなわれていた（浦幌町立博物館に展示）

って獅子舞を始めた。こうして開拓民の暮らしとともに、獅子舞は受け継がれていく。開拓をおこなった先人を敬い、故郷をしのぶ気持ちが獅子舞を継承する原動力になった。遠い土地に移り住んだ人々の思いが、故郷の民俗芸能の保存と継承につながったというわけだ。北海道には、このほかにも明治時代の開拓民が獅子舞を始めたというエピソードが非常に多い。

漂流した獅子頭を追いかけて博物館を訪れると、そこには北海道のすばらしい獅子舞文化という新たな出合いが待っていた。東日本大震災の津波で流された獅子頭、開拓民、そして彼らが受け継ぐ獅子舞文化、それぞれが北海道という土地に流れ着いた。北海道には日本各地の獅子舞文化とそこにかける人々の思いが集積しているのだ。

2

鳥海修験とともに受け継がれる神遊び

「本海獅子舞番楽」

（秋田県由利本荘市）

あの憧れの獅子舞を本当に見ることができるのだろうか。二〇二四年一月二日早朝。不安な気持ちを胸に、山形県のＪＲ酒田駅前に立ち尽くしていた。前日の能登半島地震の影響で、電車もバスも動いていない。パソコンに「羽後本荘」の文字をでかでかと表示させてヒッチハイクを試みたが、なかなか車がつかまらない。仕方がないので、朝八時に開くレンタカー屋を見つけて駆け込んだ。無事に車を借りることができ、二時間弱の道のりを急いだ。山奥に続く道中では、厚い雲をかぶった鳥海山の雪景色が美しい。この山の麓で祈りとともに受け継がれてきたのが、秋田県由利本荘市の国指定重要無形民俗文化財・本海獅《ほんかいし》子舞番楽《しまいばんがく》である。神楽を番楽と呼ぶのは山形県や秋田県の一部だけで、その呼称にはさまざまな意味が含まれている。例えば猿倉という地域では「幕を張って番を数えて舞うこと」と伝わっているが、番楽の由来はまだ特定されていない。番楽は地域の人々による「講中《こうちゅう》」と呼ばれる団体ごとにおこなわれ、十三講中が前述の文化財に指定されている。

今回、本海獅子舞番楽の公演がおこなわれたのが、由利本荘市の民俗芸能伝承館「まいーれ」という施設。公演は無事に開催されるようだ。受付で入場料五百円を払い、取材許可証を受け取ってなかに入ると、およそ五十ほどの客席は満員になろうとしていた。公演は午前中の二時間ほどで、由利本荘市内の本海獅子舞番楽の三団体（猿倉講中、前ノ沢講中、二階講中）が入れ代わり立ち代わり演目を披露した。とりわけ

本海獅子舞番楽 二階講中・祓い獅子

最後の猿倉講中による「やさぎ獅子」は盛り上がった。「やさぎ獅子」は子ども二人と大人二人がそれぞれ獅子舞に入って二頭で舞う。これが親子共演だというアナウンスがされると会場はどよめき、拍手が湧き起こった。やはり芸能は「親から子への伝承」なのだとあらためて感じさせられた。

終了後に猿倉講中の代表・真坂和都さんに話を聞くことができた。「二年前に子どもたちがたまたま獅子舞を見にきてくれて、一昨年の九月が「まいーれ」での初舞台でした。もともと大人二頭でやっていたのですが、子どもが参加してくれるようになり、大人と子どもで一頭ずつということになりました。太鼓を叩いたり、鉦を叩いたり、笛を吹いてみたり、最初からやり方を覚えるのではなく、ひとまず親しんでもらいます。覚えたいけど覚えられないというジレンマがあるんです。だから、入り口としては遊びのなかでリズムを覚えてもらうということで、猿倉講中はうまくいっているんだと思います」。なるほど、猿倉講中は子どもへの伝え方を遊び感覚にすることで、芸能の継承に成功しているようだ。国記録選択無形民俗文化財調査報告書『鳥海山北麓の獅子舞番楽』(秋田県由利本荘市教育委員

本海獅子舞番楽 前ノ沢講中・信夫

本海獅子舞番楽 猿倉講中・やさぎ獅子

会、二〇一九年）によれば、実際に番楽は「アソビ」と呼ばれていたという。これは、神楽の古語である「神遊び」に通じる。インタビューで聞いた「遊び」も本質的には古代の「神遊び」につながっているのかもしれない。

また「やさぎ獅子」について聞くと、「やさぎという言葉の意味は定かではありません。ただここの番楽は獅子に始まり、獅子で終わるという言い伝えがあります。昔は幕の後ろで着替えをしていたらしく、やさぎ獅子は「切り上げ獅子」とも呼ばれ、最後に番楽幕をまくり上げていました。もう着替えもしていないし、何もないのを見せる意味でまくり上げたといわれています」と真坂さん。やはり、獅子舞を非常に重要視した番楽のようだ。

歴史をたどると、本海獅子舞番楽は由利本荘市鳥海町の十三地区に伝承されている。寛永年間（一六二四―四四年）に、本海行人《ほんかいぎょうにん》と呼ばれる修験者によって伝授されたと伝えられ、この地にそびえる鳥海山を中心にした山岳信仰を背景に発展してきた。鳥海山は出羽富士、秋田富士などと呼ばれ、日本海を航行する船の目印になったほか、噴火を繰り返す活火山として人々の信仰の対象にされてきた。「明暦四年」（一六五八年）や「元禄十五年」（一七〇二年）の銘をもつ獅子頭が残っていることからも、古くから獅子舞を重要視してきた番楽であることがわかる。昔は番楽を総称して「獅子舞」と呼んでいたようだ。番楽の主役を獅子舞が占めていることの背後には修験道があり、古くは獅子によって祈禱をおこなう信仰行事だったことも影響しているのだろう。番楽の名称が広く普及したのは江戸時代後期以降ともいわれている。

本海獅子舞番楽の活動は年間に及ぶ。一月に幕開きをおこない、九月、十一月、十二月などに幕納めをおこなうのだ。いずれも地区内の家に講中の人々が集まり、獅子を拝したあとに獅子舞を舞う。各地区の神社祭礼やお盆はもちろん、新築の家の火災除けなどのためにも演じられている。ほかの山岳系の獅子舞に比べると動作が激しくて歯打ちが多いという特徴がある。

昼すぎ、レンタカーで再び酒田方面へと向かい、帰路に就いた。地震の影響で取材できるかどうかもわからないヒヤヒヤする状況だったが、終わってみればすばらしい取材になった。朝に見上げた姿とはまた違い、青空の下で薄い雲をかぶった鳥海山が美しい。あの山への恒久の祈りとともに、獅子舞は神遊びのように伝承されているのだ。

3

巡行地域の広さと歴史の重み
「黒森神楽」（岩手県宮古市）

急勾配の山道をひたすら歩く。杉の古木がうっそうと茂り、昼間なのに薄暗い。自然の奥深さを感じながら、やっとのことで鳥居の前まで辿り着いた。岩手県宮古市・黒森神社を訪れたのは二〇二四年一月三日のこと。奈良時代の密教の宝具が出土するほど黒森神社の信仰の歴史は古く、社殿がある黒森山の山頂にかつて存在した大きな杉の木は海上航海の目印になっていた。山そのものが信仰対象なのだ。この地で受け継がれているのが、国指定重要無形民俗文化財・黒森神楽である。宮古市には獅子舞の取材で何度も訪れているが、黒森神楽の権現舞を見たことはなかった。権現は、神の使いではなく神が仮の姿になって現れた獅子であり、東北各地にみられる非常に格式が高い形態である。

黒森神社は神聖な雰囲気の静寂に包まれていたが、社務所では神社関係者が箱根駅伝のラストを見ていて、その俗世的な雰囲気が好対照で面白かった。黒森神社での「舞い立ち」（舞い始めの演舞）は十三時から始まった。宮司の祝詞《のりと》奏上や関係者による玉串奉奠《たまぐしほうてん》などの神事に続き、五分ほどの軽い権現舞もおこなわれた。権現舞の獅子は黒い獅子頭と紺色の胴体という姿だが、人がそれをかぶることはなく、手持ちで二頭が並ぶようにして演じられた。それが終わると拝殿前で記念撮影がおこなわれ、十四時ごろにはいったん解散し、それぞれ下山して麓にある山口公民館へと向かった。

山口公民館では十五時前からまず「シットギの舞い込み」という演舞がおこなわれた。シットギとは米

山口公民館で、権現様2頭がそれぞれ2個ずつ饅頭をくわえる

山口公民館前でおこなわれたシットギの舞い込み

黒森神社での舞い立ちに向けて山を登る神楽衆

の粉を練ったもので、お餅に似ているがお餅ではない。まず権現様や杵・しゃもじなどを持つ舞い手が、臼の周りをぐるぐると回る。それから臼に入ったシットギを杵やしゃもじなどに取り、それを観客の額や頬にこすりつける。そのあとに権現様の二頭舞いが始まる。舞いの途中で松の木に火をともした「門火《かどび》」が運ばれてきて、何か儀式めいた所作をおこない、獅子の前に二本置く。獅子は舞いながらその門火を踏み消す。これは火災を防ぐ「火伏せ」を意味するようだ。

この特徴的な演舞ののち、山口公民館内の舞台で黒森神楽の演舞がおこなわれた。全体で約二時間の演舞が続き、打ち鳴らし、清祓《きよはらい》、大蛇退治、松迎《まつむかえ》、山の神舞、恵比寿舞と演目が進んでいった。僕個人としては、山の神舞の演目が最も印象に残った。終盤になると呼吸をしていられないほどに腕を振り回し、徐々に神がかりに至ったかと思えば、突然くるりと首を回して囃子と手を合わせるようにパッと止まる。緩急の妙が感じられた。山口公民館内での演舞中、舞台から見て左手に権現様の獅子頭二頭がそれぞれ二個ずつ饅頭をくわえて控えている。二頭の間にはろうそくの火が二本ともされ、これは神が降りてきた状態だという。

その後、恵比寿舞の途中で取材を切り上げ、走ってJR宮古駅に向かった。どこまで見届けるべきなのかは、取材のなかで常に迷うことだ。黒森神楽という歴史がある奥深い神楽をこんな短時間でわかることができるはずもないけれど、最低限の取材はできた。興奮冷めやらぬ心持ちのなか、ライトアップされてキラキラと輝く宮古駅で盛岡駅行きの最終電車に乗り込んだ。

ところで、黒森神楽は「廻り神楽」とも呼ばれ、岩手県沿岸部を中心に広範囲を舞って歩く。今回の取材は一月三日だけだったが、翌日からは巡行の旅が始まる。巡行は旧南部藩の沿岸を山口から北上する「北廻り」と南下する「南廻り」があり、その二つのルートは隔年でおこなわれる。神楽衆は巡行期間中、平日は仕事に従事しながら、土曜・日曜は深夜まで神楽を舞う生活をする。この巡行形態が生まれた背景として、修験道の各派に所属しない俗人身分の「俗別当」が黒森神社にいたことがあげられる。この俗別当が南部藩領の広い範囲を廻村した。そのため霞場《かすみば》（受け持ち地域）を荒らす者として、江戸時代には山伏や修験者から何度も訴訟を起こされたが、黒森側は南部藩主のお墨付きを盾にこの訴訟に勝ってきた。黒森神楽が信仰され、地域に広く受け入れられたのは「神霊の姿を見たい、声を聞きたい」という人々の望みあってこそだろう。

そして、神楽衆にとって黒森神楽は貴重な収入源だった。米の栽培には適さない寒冷すぎる土地であるために、ひと昔前までは農民や職人は冬に出稼ぎにいかなければならなかった。一方、黒森神楽の神楽衆の場合、各地域の有力者は神楽衆に対して、多額を費やして宿や食事の接待をおこなったため、冬の厳しい生活を支える一助になったのだろう。地域の有力者が神楽衆を盛大に接待した背景には、一軒の家に勢力が集中して地域の人々の反感を買わないように、富を再配分するという要素があったともいわれる。

また、黒森神楽はこの巡行によって各地に獅子舞文化を根付かせてきた。その証拠に、南北朝時代以降の歴史ある獅子頭が二十頭以上も残存している。つまり空間としての巡行地域の多さと、時間としての歴史の重みという二重の価値をもつ黒森神楽は、全国的にも非常に重要な獅子舞を継承しているといえるだろう。

4

人間と動物の境目を踊る「長野獅子踊り」（岩手県遠野市）

鹿のような角、タテガミを思わせる白いカンナガラ、ふわりと揺れる幕……まさに異形の獣という言葉がぴったりの姿だ。岩手県を中心に東北地方でみられるしし踊りである。山の数だけ林道があり、その麓に人の暮らしや民話が存在するように、しし踊りの起源も一様ではない。確かなことは、いまこの地にしし踊りが、そして人々が伝えたかすかな記憶の断片が存在する現実である。

二〇二〇年七月十二日、岩手県の無形民俗文化財・長野獅子踊りの演舞を見にいった。長野獅子踊りは岩手県遠野市小友町で長野獅子踊り保存会が継承してきた。JR鱒沢駅で電車を降りて、約二時間の道のりを歩いた。雲が低く山裾に垂れ込め、大雨が降ったかと思えばカラッと晴れる。雲がうごめく遠野の空を見上げていると、この地で自然を相手にするのは並大抵のことではないと思えてくる。

朝の十時ごろ、長野獅子踊りの道具が保管されている小屋に辿り着いた。そこでは踊りの担い手たちがときどき雨空を見上げながらカンナガラの交換をしていた。カンナガラは大工が作る場合が多いらしい。担い手の一人が「カンナで木をこすったときにできるものに形が似ているのが名前の由来なんだよ」と教えてくれた。新しいものをハサミで割いて、束ねて頭に取り付けていく。古いカンナガラは火のなかで灰になった。カンナガラを作って頻繁に付け替えるという所作こそが、芸能の継承を後押ししているようにも思える。

長野獅子踊りの演舞。頭に長いカンナガラを付け、種フクベ（踊りの先頭に立つ先導役）・子踊り、中太鼓、太刀振りなどが同時に踊りを繰り広げる。カンナガラがブワッと周囲に広がる演舞はものすごい迫力がある

午後にコロナ退散祈願の舞いがあるということで、長野地区コミュニティ－消防センターに移動した。一般的にしし踊りは「幕踊り系」と「太鼓踊り系」に分かれているが、「長野獅子踊り」は幕踊り系のしし踊りだ。踊りは十二時過ぎに開始。今回は、通り踊り、柱掛かり、投げ草という三つの演目がおこなわれた。カンナガラがふわっと宙に浮き、大きく弧を描き、幕が揺られ、力強い動きが生まれる。とても迫力がある踊りだ。踊りのあと、公民館の畳の上には縮れたカンナガラが無数に散らばっていた。これこそ獅子が踊った痕跡である。今回は見ることができなかったが、祭りの日には地域の家の庭を踊り場として開放してもらうこともあり、演目のなかに柱に絡み付いていくという動作があるそうだ。「動物がおこなうマーキング行為のよ

うな意味があるんだよ。ほかの団体にここを自分のものにしちゃうけどいいの？という遊び心でちょっかいを出すんだ」と教えてくれた。この話を聞き、僕自身も身近な自然や生き物に対する想像力がかき立てられた。

しし踊りの世界観を理解するには、狩猟の世界を見なくてはならない。そう思って、五カ月後の十二月に岩手県遠野市を再訪した。そして、知り合いの猟師の狩りに同行することにした。猟師の朝はとても早く、朝六時三十分から狩猟（鉄砲撃ち）が始まった。開口一番、「昨日は満月だったから、今日は獲物は期待できない」と言う。理由はわからないが、結果的に予想どおりの展開になった。最初は、運転しながらトラックの窓から獲物を探して、見つけたら止まって撃つ「流し猟」をしながら山奥へと林道を進んでいった。しかし、獲物はいない。途中から山の斜面を徒歩で獲物を探す方法に切り替えたが、これも難しかった。かろうじて見つけたカモ数羽はすぐに逃げ、狩猟が禁止されているヤマドリの雌を見ただけだった。ヤマドリの雌がいると、雄もつがいでいることが多いので探してみたが見つからない。猟師の言い伝えと勘は的中したのだ。十カ所ほどの林道を車で移動したあと、昼前に終了した。あとで猟師に「満月の明け方に獲物が取れない理由」を詳しく聞くと、どうやら獣は満月で明るいときに獲物を探し回ったり繁殖したりして、次の日は眠りにつくので静かなのかもしれないという。

何はともあれ、この結果によって僕は重要な気づきを得た。自然に対して祈りを捧げることは「獲物があの笹のはざまから出てきてほしい」と願うことなのかもしれないということだ。鹿の足跡がある、前に鹿を取った場所がある、U字形の谷がある、少し開けた場所がある、少し晴れ間がのぞいて獣がひなたぼっこしにくるかもしれない……そのような獲物の気配を感じる場所やヒントが林道近辺にはたくさんある。そんな場所に着くと「出てきてくれ、なぜ出てこないのだ」と感情がむき出しになる。確実に獲物が撃てるなどという保証はどこにもない。鹿を取る猟師は自然の恩恵を受ける一方で、自然に打ち負かされるこ

鉄砲で獲物を狙う猟師

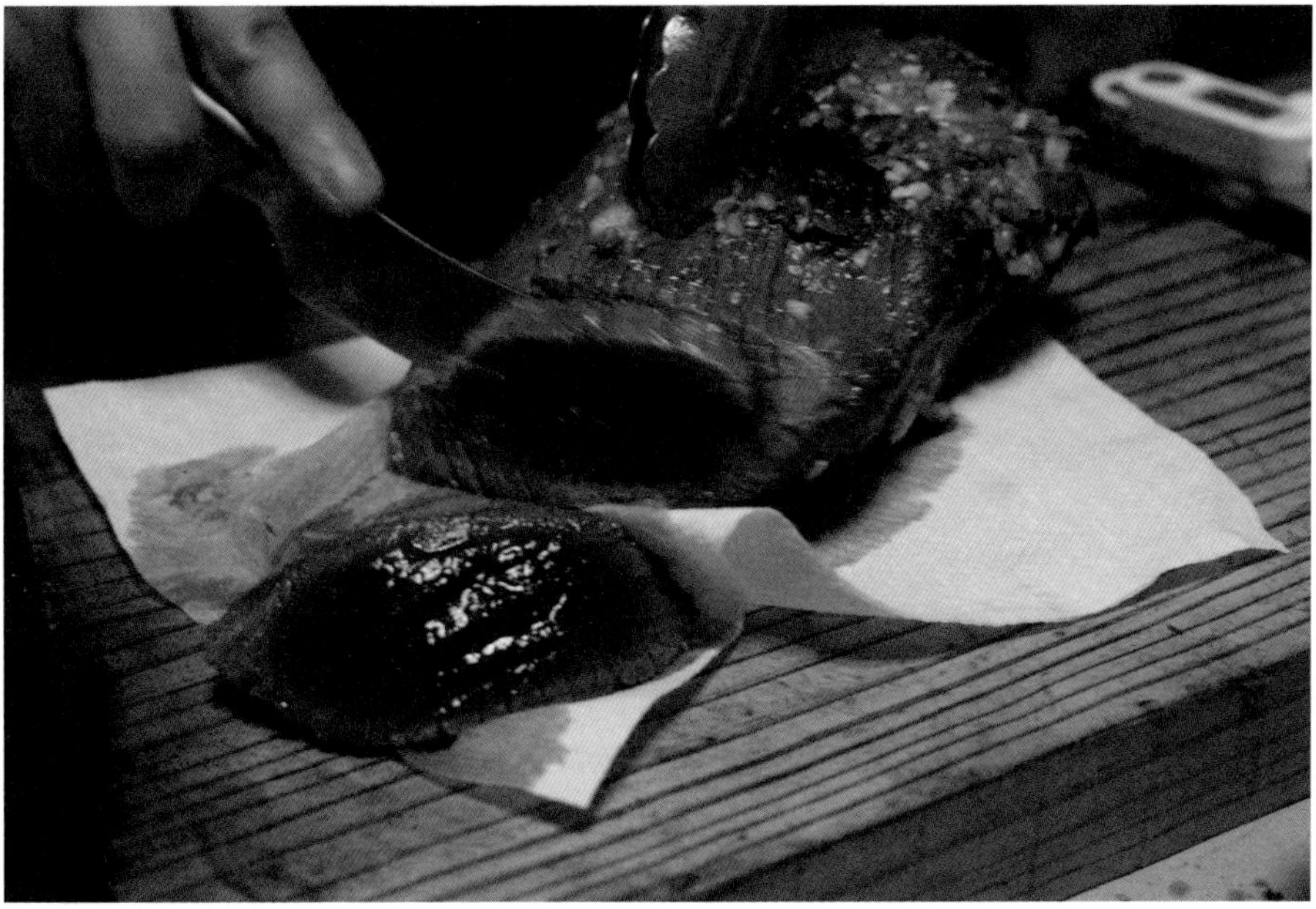

鹿の肉を猟師にご馳走になる

ともある。引き金を引く瞬間にあるのは高揚感ではなく祈りや葛藤である。人間同様に鹿にも生きざまがあり、それは人間の管理下に容易に収まるものではない。科学が進歩するなかで徹底的に自然をコントロールして生産をおこなう一部の現代的な畜産業や農業とは正反対の営みである。その鹿と人間の視点が交錯した境目に、しし踊りという芸能の存在が浮き彫りになる。猟師は山で取った獲物を里に持ってくることで、山と里を行き来する。その日常的な行動の先に、山での経験を里に伝える。そこからしし踊りの芽が生まれたのかもしれない。

　しし踊りの起源は一様ではなく、正解はない。むしろ、それを僕たちが想像することに意味がある。起源論は巷にあふれている。山野に踊り戯れる鹿、あるいは鹿の身代わりになって死んだ人の墓の周りを踊る鹿の模倣、五穀豊穣を妨げる大風に対する呪術……。長野獅子踊りには「聖武天皇の奥方が病気の際に「ししの胎児」の薬効によって全快したことから、しし神を祀り踊りをおこなった」という鹿の生命力を取り込もうとした古い伝承も残っている。土地ごとにしし踊りの起源説は存在していて、さまざまな起源説にふれるたびに、その土地に住む人々の想像力の豊かさを再認識するのである。

5

獅子舞が虎舞に変化した「門中組虎舞」（岩手県大船渡市）

獅子舞ではなく「虎舞」という芸能もある。獅子舞を源流として派生した芸能であり、ここでは獅子舞の一つとして紹介する。虎舞は中国の古い言い伝えに由来する。例えば「雲は龍に従い、風は虎に従う」という言葉があるが、これは立派な君主のもとにはすぐれた臣下が現れるという意味だ。昔の漁師は風を原動力として帆船を扱うため、風を司る虎を崇めたとされる。また、第1章で前述したように虎の習性を表現する「一夜にして千里を往って千里を還る」という言葉もある。このように虎は超人的で神に通じる力をもつと考えられたことから、航海の安全の守り神ともされてきた。そのような経緯もあって、三陸沿岸の漁師たちは自らが虎になることで航海の無事を祈願する虎舞を始めたのだ。

歴史をさかのぼれば、虎舞の始まりにはさまざまな説がある。代表的なのは、約八百年前に陸奥の国を領有していた閉伊《へい》頼基《よりもと》という人物が、武士の士気を高めるために虎の着ぐるみを着た踊りを臣下に踊らせたというもの。当時の踊りがどんな動きだったのかはわからないが、武士たちにそれを見せることで勇気づけたのだ。また、江戸時代中期には前述の近松門左衛門の人形浄瑠璃『国性爺合戦』（一七一五年）が江戸で大流行した。その一場面の「千里ヶ竹」に虎退治の演目が登場し、それに感動した漁師たちが故郷・三陸でそれを虎舞として広めた。虎舞が創作舞踊という形態で民衆に広がったのもこのころだろう。

二〇二一年十二月四日、僕は年明けの寅年ブームに備えて、岩手県三陸沿岸部で虎舞を取材した。レン

門中組虎舞の伝承館の内部に所狭しと並べられた展示物

タカーを借りて走らせると、車窓には津波防止のためのコンクリートブロックが海岸をガッチリと固めていて、まるで工業地帯であるかのような風景が広がっていた。この地を襲った東日本大震災の津波が、どれほどこの土地の暮らしを変えてしまったのか、想像せざるをえなかった。

海岸沿いを縫うようにして、岩手県大船渡市の碁石海岸付近に辿り着いた。この地にあるのが岩手県の無形民俗文化財・門中組虎舞《かどなかぐみとらまい》の伝承館だ。伝承館に着くと、まず見えてきたのがシャッターに貼り付けられた大きな虎舞の写真。虎舞の原寸大の写真を二頭分プリントして貼っていて、とても印象的である。一般開放しているわけではないので、関係者に電話してこの訪問が実現した。門中組は二つの地域（門之浜と中井）からなり、公民館も各地域にある。公民館とは別に門中組虎舞としての活動場所が必要ということになり、伝承館が作られたそうだ。ここは虎舞の練習場所であり、民俗芸能を伝えていく場でもある。

門中組虎舞の起源は鎌倉時代にまでさかのぼる。

門中組虎舞の伝承館の外観

伝承館の壁面に飾られた門中振興会の記録（一九五八年作）では、その由来について次のような内容が書いてあった。ある夜、一隻の船がにぎにぎしく囃す笛や太鼓の音とともに、泊里浜に漂着したという。その船のなかは、複数の仏像と祭器、楽器などで埋め尽くされていて、庶民はただ驚くばかりだった。地域の熊野神社に置かれた年代・作者不明の獅子頭もこのときにやってきた。この獅子頭で獅子舞を奉納すれば、悪魔祓いや五穀豊穣、浜は大漁疑いなしになったそうだ。そして、いつしか獅子舞は氏子たちによって虎舞と名を改められた。現在赤い虎頭を使っているのは、獅子舞をおこなっていた時代の獅子頭の名残だ。

現在の演目は、明治時代に「虎舞の天才」と仰がれた佐々木寅五郎という人物の振り付けによるもので、「道中囃子」「地舞」「腰舞」「首舞」「さがりは」の五つで構成されている。例えば「首舞」は獲物を追って焦り狂った虎が岩山に突き立ち上がり、身の危険をも忘れて狂乱する様子を表現する。それにしても名人の名前が「寅五郎」とは、まさに虎舞の担い手としてふさわしい。

ところで、伝承館の壁面には二〇一一年の東日本大震災のときに到達した津波の水位が記録されていた。震災時は扉が流さ

過去の祭りで撮影された集合写真

れるなどして伝承館もめちゃくちゃになってしまったが、なぜか虎舞の道具は流されなかった。「神様が残しておいてくれたのかもしれない」と関係者は語る。雨で浸水して虎舞の幕がびしゃびしゃになってしまったこともあったが、いまでは太鼓台を利用して、高い位置に虎頭と幕を保管・展示していて、備えは万全である。

館内の壁際にずらりと並べられた集合写真の数々は、過去の祭りやイベントの際に撮影されたものだ。そのなかには、集合写真に写っている一人ひとりの名前をきちょうめんに記した紙を額のなかに写真と一緒に飾っているものもあった。こうすることで地域のつながりを再確認できる。例えば「この年には誰々の親が担い手だったんだ」と、時代を経てもその当時を知ることができる。東日本大震災の津波でも流されなかった地域の貴重な宝物である。

東日本大震災後には、仮設住宅や復興祭などで虎舞を舞うこともあったようだ。復興していく港町で、虎舞の演舞は地域の希望になったにちがいない。例年では四年に一回開催される熊野神社の式年大祭（十月）で演じられるほか、お正月の演舞や各種イベントにも出演している。

6

大獅子パックン火伏せの厄祓い
「酒田の大獅子」
（山形県酒田市）

獅子舞の街といわれてまず思い浮かべる街の一つが、山形県酒田市である。酒田市は獅子舞や獅子頭が街にあふれていて、祭りのときでなくてもたくさんの獅子に出合うことができる。「酒田まつり」に登場する大獅子をはじめ、日常的に市内各地に設置されている鑑賞用の獅子頭「酒田大獅子一家」、そして地域ごとに披露される獅子舞などがある。酒田まつりは約四百年前に始まった日枝神社の例大祭で、「山王祭」とも呼ばれている。港町ならではの活気があり、二十団体千八百人もの担い手が関わる山車行列、神社の神輿や猿田彦などが巡行する渡御《とぎょ》行列、ずらりと並ぶ屋台など見どころ満載だ。

酒田の獅子舞は何度も見ているが、二〇二二年五月二十日の酒田まつりに訪問したときが印象深い。午前十時からの山車行列と、十五時からの時代行列に大獅子が登場した。人間よりも大きな獅子頭は迫力満点であり、口をパクパクさせながら道の真ん中を歩いていく。大うちわであおがれながら歩く巨大な獅子は、周囲をにらんだり威圧したりすることなく、むしろ柔らかい表情をしている。大獅子は赤色の獅子二頭、黒色の獅子二頭の合計四頭である。ちなみに酒田市では伝統的に赤い獅子を雌、黒い獅子を雄として、一対で家に飾る風習がある。普段であれば、子どもたちが獅子の口のなかにすっぽりと入り、無病息災を祈願してパックンと噛んでもらう「獅子パックン」がおこなわれるが、コロナ禍のため今回は実施されなかった。ところで、この酒田の大獅子の動画を僕の「YouTube」チャンネル「いなむーの獅子舞大冒険」

酒田まつりの大獅子巡行

にアップしたところ（二〇二二年五月二十二日公開）、約一年で百七十万回以上再生され、その視聴者の半分以上がインドネシア人だった。インドネシア人がシンパシーを感じる何かがあったのだろうか。その真相はいまだに謎である。

　大獅子巡行が始まった背景には、一九七六年に起きた酒田市内での大火が大きく関わっている。大風によって未曾有の被害が生じ、そこからの復興の象徴として大きな獅子頭を祭りの中心に据えることになった。つまり、災害という厄を祓うとともに復興を祝う存在として獅子が登場したのである。それから獅子頭の人気は徐々に高まり、約二十年後（一九九八―九九年）には子獅子が、さらにその約二十年後（二〇一五年）には赤ちゃん獅子が制作され、合計十六頭になった。十六頭の獅子頭にはそれぞれに名前がつけられている。これらの獅子頭たちは、毎年開催される酒田まつりで一堂に会する。普段は酒田市の中心街のさまざまな場所に設置され、獅子頭を探しながら散策する「獅子頭巡り」を楽しむことができる。

祭り以外の日は市内各所に設置されている獅子頭たち。名前は松と桜

一方、酒田市の各町では伝統的な獅子舞が受け継がれてきた。大獅子が大火からの復興の象徴だったのに対して、伝統的な獅子舞は疫病退散の意味合いが強い。五月二十日の酒田まつりでは、昼にメインステージで開催された式台の儀で、亀ケ崎獅子舞の演舞がおこなわれた。この様子を酒田市の祭り関係者や大勢の観客が見守っていた。首をくるっと回すしぐさや、大きな音を立てて歯打ちをする姿が印象的だった。

酒田民俗学会の「酒田民俗」第四号(一九九七年十月)によれば、酒田市内に獅子舞は四十五件伝承されていて、獅子舞の奉納が始まった時期としては江戸時代が二十二件、明治時代が二十件、大正時代が三件と、江戸時代と明治時代が圧倒的に多い。このうち、明治時代の二十件はコレラが蔓延した時期であり、コレラの悪疫を退治するために始まったともいわれている。なぜ酒田がコレラに対して敏感だったのだろうか。それは、当時は陸上交通が未発達であり、酒田が日本屈指の港町として人と物資の交流の中心地になっていたためである。ひとたび疫病が発生したら、すぐに拡散されてしまうような環境だったのだ。コレラという疫病が獅子舞を広めて受け継がれるきっかけになったことは、現在との対比からも興味深い。二〇二〇年以降、日本各地で新型コロナウイルスが感染拡大するなかで、密になるのを防ぐためという理由で獅子舞を休止する地域が多くみられた。一方、昔は逆に獅子舞をすることが疫病の退散につながると考えられていたわけだ。このように山形県酒田市の獅子には、大火からの復興や疫病退散の祈りが込められている。

酒田まつりで披露された亀ケ崎獅子舞

7 大きな胴体は地域交流の証し「黒獅子」（山形県長井市）

山形県置賜《おきたま》地域は、明治初期の旅行家イザベラ・バードが「東洋のアルカディア」「エデンの園」とたたえたほど、豊かな平野部や温泉地が広がっている。この地に息づくのが「黒獅子」という獅子舞である。この「黒獅子」を取材するため、二〇二一年五月二十二日に「ながい黒獅子まつり」が開催されている山形県長井市を訪れた。JR山形駅から米沢行きの電車に乗り、赤湯で乗り換えて長井に向かった。印象的だったのは、空を映す青々とした水田と、列車が進むにつれて車窓に広がっていく米沢盆地の雄大な眺めだった。この地は古くからの交通の要衝であり、陸路と海路によってさまざまな物資、情報、文化が伝えられた。そのなかに獅子舞も含まれていたということだろう。

山形県長井市の黒獅子は胴体が大きいという点で、全国でも有数の獅子舞だ。十人から十五人ほどの担い手が入ることができ、多いところだと二十五人という場合もある。実際に見た「黒獅子」は、想像以上の迫力があった。動き始めると躍動感もあり、まるで実際の生き物のようだ。いちばんの見どころは、獅子と警固（暴れ回る黒獅子を制御する屈強な男）が力比べをするシーンである。警固が声を荒らげて獅子の顎下をつかみ、獅子を祭壇へと導こうとする。その際、普段は大きな声を上げることなどなさそうな警固役の人物が、何かに取り憑かれたように大きな荒々しい声を上げる。地域住民と思われる観客の女性が、このシーンに「男を感じる」と言っていたのが印象深かった。警固のつかみに対して、獅子はまだ遊び足

胴体が非常に長い五所神社の黒獅子

りずに逃げ回る。しかし、最終的には祭壇に導かれ、獅子頭が置かれる。提灯の淡い光に照らされた獅子を拝み、厳かな締めくくりとなった。

黒獅子が成立したのは、約千年前の平安時代という説が有力のようだ。もともとこの地域は水への信仰が強く、獅子を水神である蛇に近づけるために、ムカデのような長い胴体になったともいわれている。蛇は「邪《じゃ》」と同じ読みができることから、邪気祓いの性格をもっている獅子舞と結び付きやすかったと想像できる。蛇をモチーフにした獅子舞としては、ほかに岐阜県の蛇と戦う獅子舞「へんべとり」（第4章第6節「蛇をくわえて激しく振り回す「へんべとり」（岐阜県高山市）」を参照）や、富山県の獅子頭にみられる蛇の目の特徴（第4章第2節「タイマツの火が獅子を奇襲する「新湊の獅子舞」（富山県射水市）」を参照）が思い浮かぶ。

また置賜地域の黒獅子は北陸の獅子殺しほどに獅子を退治するという意味合いはないが、警固が獅子を抑え込むことで、獅子を制御するという発想は存在する。この警固が登場する背景としては、

八雲神社の黒獅子と警固の力比べ

五所神社の黒獅子の胴幕をつかむ警固

草相撲が盛んな土地柄というのも関係しているのだろう。怪しげな霊力をもつ天狗などではなく、民衆に近い存在の者が獅子をコントロールするというところも注目すべき点だ。

また胴体に多くの人が入ることから、黒獅子は「百足獅子」とも呼ばれている。なぜこんなに大きな獅子舞ができあがったのだろうか。郷土研究誌である「長井のひとびと」第十二・第十三合併号の「特集おしっさま」（長井市地域文化振興会、一九九七年）には、「獅子の威力を大きくしたいと考えれば、獅子の体も大きくするのは自然だと思います。大きくすれば、神楽集団のような特定の小人数ではできない。むかで獅子は共同体総参加型の獅子なんですね。共同体がそれぞれの人々を参加させようとすれば、大勢の人が参加できる獅子が必要だったのかも知れません。また民衆の側も、年に何度とない娯楽や楽しみでもあるわけで、「俺にもやらせろ」みたいな気持ちもあったでしょう」（二四ページ）とある。「共同体総参加型の獅子」というのは、すばらしい名付けである。長井市からほど近い西村山郡朝日町宮宿の豊龍神社で継承されている豊龍獅子舞は、長さ十メートル、幅四メートルの幕に五、六十人が入ることもあるという。長井市の黒獅子を含めて、「共同体総参加型」というすばらしい獅子舞文化が受け継がれている。

ちなみに全国的に胴体が大きな獅子舞としては、香川県三木町、長野県飯田市、茨城県石岡市などが有名である。胴が長くなった背景には、工芸品の発達や経済基盤の存在など地域によってさまざまな理由がある。ちなみに石川県のとある獅子舞を取材していたときには、男性の担い手が好きな女性を誘って胴体のなかに一緒に入る風習があると聞いたこともある。共同体総参加型という考え方にもみえるように、獅子舞の胴体は人と人とを結び付ける存在として機能しているのだ。

8

けんかを平和的に解決する「彼岸獅子」（福島県会津若松市）

「彼岸獅子」という獅子舞がある。名前のとおり春のお彼岸と関係していることは確かであり、先祖供養の意味を含む獅子舞である。江戸時代の寛永年間（一六二四―四四年）から伝承されてきた貴重な舞いだ。三月下旬、雪解けと生命の息吹を感じる季節におこなわれるが、この獅子舞は単なるお彼岸の獅子舞というだけではなく、争いごとを平和的に解決する存在でもあったようだ。「獅子舞が争いを解決？　どうやって？」と思う人も多いことだろう。それも含めて解説していきたい。

天寧獅子保存会による「彼岸獅子」を見たのは二〇二二年三月二十一日のこと。福島県会津若松市の鶴ヶ城（会津若松城）で演じられた。鶴ヶ城といえば観光名所であり、白くそびえ立つ姿が堂々として美しい。子どもから大人までさまざまな年齢層の人々が観光に来ていて、とてもにぎわっていた。演舞は午前十時半から本丸の脇でおこなわれた。太鼓を叩く三匹獅子舞の形態で、頭には鳥の羽根が付けられている。カクカクとした首の振り方は、まるで鳥の動きのようだ。当日は、庭入、弊舞、弓舞、袖舞という四つの演目が披露された。例えば弓舞では獅子が弓をくぐろうとしてもなかなかうまくいかず、その周辺をうろうろしていた。最後にぴょんぴょんと跳びはね、弓をくぐった瞬間には大きな歓声が上がった。これが最大の見せ場である。合計三十分ほどの演舞だった。途中で雨が降ってきたが、演舞の最中から晴れ間が見えてきて、どこか神秘的な雰囲気が漂った。

その後は、七日町通り方面に移動して阿弥陀寺でも同様の演目がおこなわれ、これも三十分ほどの演舞で終了した。そのあとは七日町通りの店を一軒一軒訪問する門付けを実施する。太鼓と笛の音が街に響き渡り、その音色が心地いい。門付けには、店の前の歩道でおこなう場合と、店のなかに入っておこなう場合とがあった。どちらも店の人と獅子との距離の近さを感じた。最後までは見ることができなかったものの、獅子の担い手たちの話では「このあと食事をしてから、十六時半くらいまで町中を巡る予定です」とのこと。前半は地元民や観光客に囲まれるなかで演舞をおこない、後半は観客がほとんどいないなか、地域の店を門付けする。見せ場を作る一方で、地域の家を一軒一軒丁寧に回っていくという二つの獅子舞のあり方を知ることができた。

阿弥陀寺での彼岸獅子

鶴ヶ城での彼岸獅子

彼岸獅子にはさまざまな昔話が残っている。小島一男『会津彼岸獅子』（私家版、一九七三年）によれば、獅子舞に出ることは成人式に出ることと同じような感覚だという。もし獅子舞の稽古の最中に若者同士で仲たがいをしようものなら、村八分にされかねないと焦り、お酒持参で息子とともに謝りにいき、仲直りさせることもあったそうだ。獅子舞はそれくらい格式が高い行事であり、それに参加することは重い責任を負う、つまりその地域で生きていくことと同義だったことがうかがえる。

彼岸獅子の担い手になってきたのはもっぱら農家の長男だったが、江戸時代には下級藩士たちの支援もあった。そのため武道の形に似た動きもあるようだ。担い手たちのプライドは高く、祭りの日に街に出て隣村の獅子と鉢合わせするとけんかが絶えなかった。弓舞のときに弓が見える位置にほかの獅子は入れないという暗黙の決まりが

店を一軒一軒門付けして回る彼岸獅子

あり、それを犯す者がいたためだ。

　また一八六八年の会津戦争の際に、城主・松平容保の家老である山川大蔵が、田島方面の守備を担っていたのを急遽呼び戻された際に、彼岸獅子を連れて「通り囃子」を演じながら行進し、あっけにとられている敵兵たちの攻撃を避けることができたという話がある。異形の獅子たちの出現に、敵方は「え？　これは何？」というふうに呆然としてしまったのだ。このように、獅子の存在は祭りにおけるプライドのぶつかり合いという、戦争に比べれば断然平和な意味での争い（ある種の憂さ晴らし）を生むこともあれば、争いを避けて平和的にその場を鎮めることもある。

　ちなみに、民俗芸能が軍事的な争いを回避することに貢献したと考えられる話は全国に点在する。例えば『北上民俗芸能総覧』（熊谷保／加藤俊夫、北上市教育委員会、一九九八年）の「北上市の民俗芸能　分布と概説」（二〇—四〇ページ）によれば、東北屈指の芸能の宝庫である岩手県北上市に現存する「念仏踊り」や「しし踊り」は、旧伊達領から旧南部領に伝わったケースが多くみられるという。その多くは制約が少ない北上川を通じた川の道沿いに伝来した。藩境を通じて互いに情報を得ながら、競って芸能を定着させていったと推測される。また、それが両藩の境に住む農民の民心安定につながると考えた領主が奨励したとも考えられている。この事例だけでなく、獅子舞を村境でぶつけ合った、競い合ったなどという話は、日本全国にみられる。獅子舞をはじめ民俗芸能は平和的な競争を生み、争いにつながらないように鬱憤を晴らす効果もあったのだろう。

津波ですべて失われた虎舞を大復活させた

――小原正人さん（鵜住居虎舞舞い手）

岩手県の南三陸の沿岸。大船渡から宮古まで約百キロ、車をひたすら走らせた。美しい景色が防波堤というコンクリートブロックに囲まれてしまったが、そこに自然の脅威に立ち向かう人間の意志を強く感じた。二〇二一年十二月、僕は寅年を前にして、それに関する執筆企画のため、連日虎舞の取材に明け暮れていた。そのなかで、十二月四日に岩手県釜石市の鵜住居《うのすまい》という地域を訪れた。そこで虎舞の道具を見せてもらうとともに、鵜住居青年会の小原正人さんに話を聞いた。

鵜住居虎舞の歴史のなかで、二〇一一年の東日本大震災は大きな転機になったことだろう。小原さんによれば、「虎舞の道具が全部、津波で流されてしまいました……。会員のなかには家や家族が流されてしまい、虎舞をしている状況ではなくなってしまった人もいたんです」と。その当時の状況は、現地にいなかった自分にとって想像を絶するものだ。それでも地域に伝わる虎舞をなんとか残さなくてはいけないということで、小原さんたちは復活に向けて動き始めた。

まず資金面に関しては、個人の支援や補助金などに頼ることができた。道具もすべて一から少しずつ買いそろえた。また、津波で家が流された人にも声をかけて、地域外からも人を募り、虎舞を演じる担い手を確保した。そのようなさまざまな苦難を乗り越えて、東日本大震災があった年の秋に、ようやく演舞ができるまでに復活した。

避難所や仮設住宅などで舞うことができ、元旦には仮設住宅を区画ごとに回った。町内を歩くことができない状態で、神社だけで奉納を終えるという苦しい時期もあったという。それでもなんとかできるかぎりのことをやり、地域を勇気づけようとする鵜住居虎舞の演舞は、地域内外の震災復興に対する大きな希望になったに

新しい虎舞の道具を見せてくださった小原さん

ちがいない。二〇一九年には、ラグビーワールドカップの試合が鵜住居でおこなわれ、「地域の民俗芸能としてぜひ出演してほしい」と頼まれるなど、演舞の機会は増えていった。

東日本大震災のあと、仮設住宅などで虎舞を含む獅子舞が舞われた、新たに演舞が創作された、という事例は数多く聞いている。災害に直面し、予知できない自然の脅威を目の当たりにして、そこから祈るという行為が発生する。危機のなかで獅子舞は人々の心を支える存在になりうるのだ。鵜住居虎舞も困難を乗り越え、バラバラになった人たちの心を一つにする役割を担っているようだった。その陰には獅子舞に希望を託し、再スタートをした担い手の強い思いがあったのだ。

第3章

獅子舞探訪記：関東篇

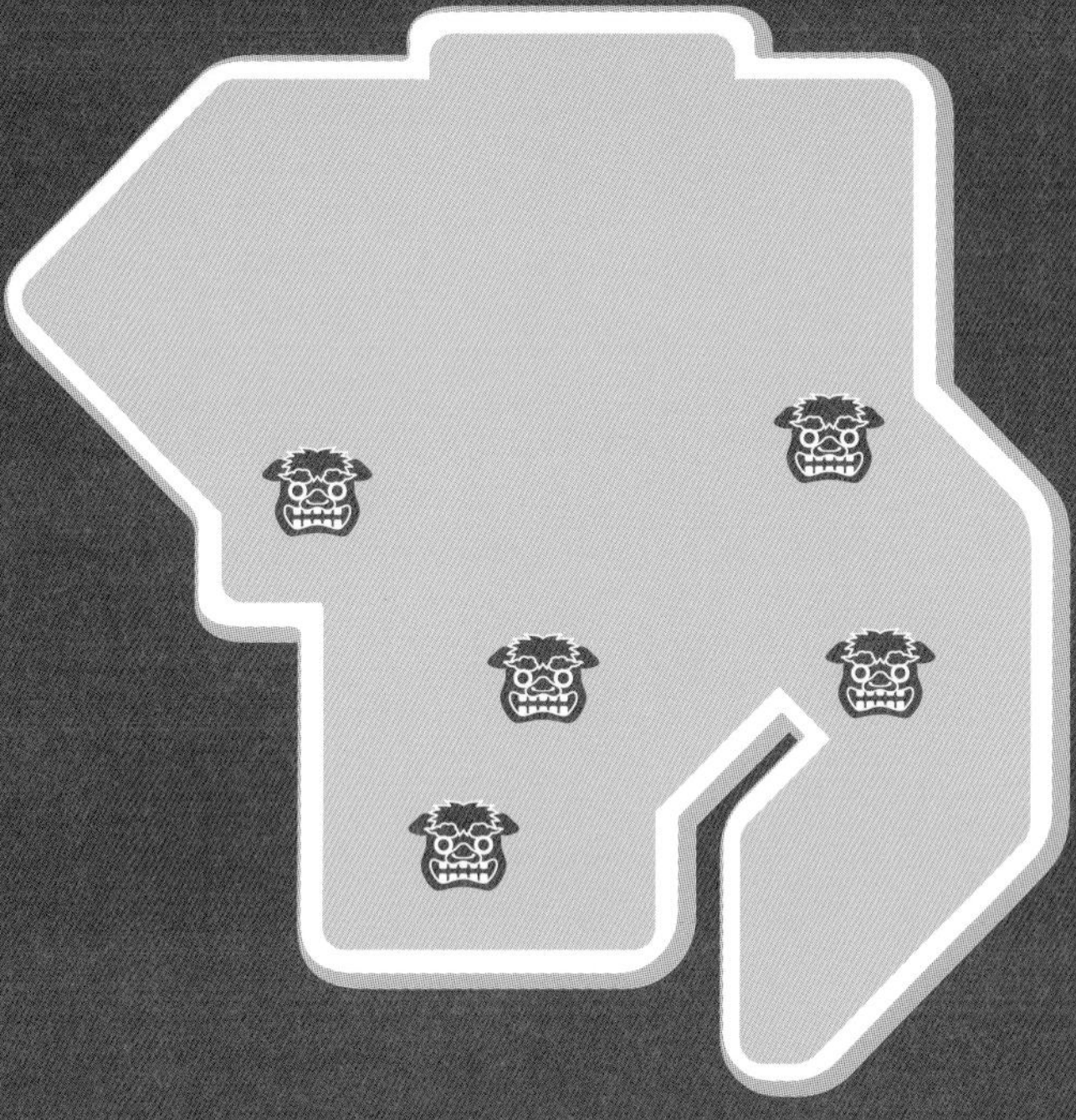

関東地方には三匹獅子舞（一人立ち三頭獅子舞）が全域的に伝承されている。鹿や猪、龍など多様な獅子頭が見られる。また、江戸や水戸で流行した太神楽（大神楽）もあり、曲芸とともに獅子舞が披露される神事芸能として伝播した。江戸時代以降に葛西や神田を中心として広まった「祭り囃子」の文化とともに伝承されている獅子舞も多い。また担い手の仕事の関係などもあり、日本各地の獅子舞が東京周辺に持ち込まれて伝承されるという事例もある。

1

祭りのにぎわいと職人の技
「石岡の獅子舞」
（茨城県石岡市）

茨城県石岡市は獅子舞が大変盛んな街だ。最もにぎやかな祭り「常陸國總社宮例大祭《ひたちのくにそうしゃぐうれいたいさい》」（愛称は石岡のおまつり）では、数十体の巨大な獅子舞が道路いっぱいに所狭しと練り歩く。獅子頭作りも盛んで、地域の店では当たり前のように獅子頭が売られている。まさに獅子舞の街といっても過言ではない。石岡市はなぜ、これだけ獅子舞が盛んな街になったのだろうか。

二〇二二年九月十九日、石岡市を訪れた。石岡のおまつりは毎年九月十五日と敬老の日（最終日）を含む三日から四日間で開催されている。獅子舞、大神輿、山車、染谷十二座神楽、浦安の舞、奉納相撲など見どころ満載で、日本全国から数十万人の観光客が訪れるほどのにぎわいをみせる。僕が訪れたのは祭りの最終日で、還幸祭《かんこうさい》がおこなわれた。この日には、御仮殿（おかりでん／おかりや）から常陸國總社宮まで、神輿とともに市内の各町から参加した獅子舞が練り歩く。当時はコロナ禍という事情から十五町ほどの参加にとどまったが、通常は三十町を超える参加数になる。それでも、十五頭ほどの巨大な獅子舞が道幅いっぱいに次々と進んでいく様子は圧巻だった。いちいち驚いていられないほどの迫力である。

石岡のおまつりに対する住民参加の仕組みは非常に面白い。祭りを盛り上げる「年番制度」や「相町《あいちょう》」という相互扶助の仕組みがある。年番制度とは、その年の「年番町」になった町が石岡のおまつりで御祭神をお迎えする大役を務めるというもの。常陸國總社宮には三十六町の氏子区域があるが、年番町を務め

石岡のおまつりで練り歩く国分町の獅子舞

るのは十五町の氏子区域だけだ。この十五町が一年交代で年番町になる。年番町は石岡のおまつりの際に、常陸國總社宮の本殿から御分霊を御仮殿にお迎えして、人々の歓待を受ける場を設けるという大役を務めるばかりでなく、年間を通じて神社への奉仕活動をおこなっていく。年番町になると、いつにも増して一年の時間の流れが祭りを中心に回り始め、地域の人々のにぎわいの場である祭りを意識しながら過ごすことになるのだ。

また、相町というのは、特に関係が深い町同士を指す言葉だ。例えば、森木町と香丸町、大小路町と守横町、土橋町と仲之内町というようにペアになる町が存在し、年番の年には祭りの成功のために協力しあう。年番ではないときでもお互いの町をよく訪問して関係を深めたりするようだ。このような協力関係は日本全国でみられる。例えば、盆踊りのときに隣町まで遊びにいったり、獅子舞の人出が足りないからと助っ人に入ったりするのはよくある話だ。とはいえ、相町という秩序だった形態で協力関係を結ぶ仕組みをもつ地域はそう多くはないだろう。

　また、石岡の獅子舞文化の陰に職人たちの技があることを忘れてはいけない。プロの職人が獅子頭や胴の制作を手がけているだけでなく、常陸獅子彫刻伝修館では初心者に獅子頭制作の技術を伝授している。三十人以上の会員がいて、地元石岡市の住民はもちろん栃木県、東京都、千葉県など遠方から通う人もいる。僕自身、二〇二三年八月からこの教室に通っていて、獅子頭の制作を習っている。獅子頭職人を取材するなかで制作技術の伝承について職人の立場で考えたいと思ったことが、獅子頭制作に取り組むきっかけになった。また、獅子舞の講演会を頼まれることもあるが、そのときに実物の獅子頭があると話がしやすいからという理由もある。月一回くらいのペースで通っていて、桐の木を何本も組み合わせる寄せ木造りで制作を進める。

筆者が常陸獅子彫刻伝修館で制作中の獅子頭（2024年1月20日撮影）

常陸風土記の丘にある獅子頭の展望台

設計図はなく、「ここは何センチ切るんだよ」とか「右側はやるからそれをまねて左側を彫ってね」という師匠の指示に従って彫り進めていく。なかにはもう何十年と獅子頭を彫っている師匠もいる。僕たちへの指導にあたっては師匠同士が相談して、共通のサイズ感になるように考えられている。師匠の手さばきを見ていると、彫ったり切ったりすることに迷いがない。僕はといえば、のみや小刀に慣れていないころは木目に沿って削るのが難しく、ガリガリと粗く削ってしまっていた。それを見ていた師匠が「小刀ものみも全部斜めに刃を入れるんだよ。トマトはどうやって切るかわかるか？　前向きに斜めに入れるか、手前に引くように斜めに入れるか。どっちにしても刃は斜めに入れるんだよ」と教えてくださった。最初の獅子頭は、完成まで一年半はみておかなければならない。完成に向けて、すばらしい環境で獅子頭作りを学ばせてもらっている。

ところで、石岡の人々の獅子舞愛は巨大な獅子頭建設からもうかがうことができる。常陸風土記の丘では、日本一大きな獅子頭と出合うことができる。ふれあい広場の展望台から眺めるその獅子頭は圧巻だ。台座からの高さが十四メートル、幅十メートル、奥行き十メートルと、手で持って舞ったり神輿として担いだりするものと比べて、格段に大きいことがわかる。この獅子頭は毎年九月中旬に開催される石岡のおまつりで巡行する獅子頭をスケールアップしたもので、一九八〇年代に建てられた。石岡市の獅子舞に対する思いはこのようにも表れているのだ。

石岡は、獅子舞に関する話題が泉のように次々と湧いてくる。祭りとそれを支えるコミュニティー、技術の伝承、そしてランドマークの存在。これらが相互に絡まり合って、獅子舞の街が形成されている。

2

方位、天体、季節……万物を体現するケモノ

「浦山の獅子舞」

（埼玉県秩父市）

秩父市は、埼玉県北西部にある人口約六万人の市だ。東京都心からは約六十キロから八十キロ圏内に位置し、池袋から西武池袋線一本で直行できるため、感覚的にも東京に近いように思われがちだが、都心とは比較にならないほどそれぞれの地域に祭り文化が根付いている。なんと年間約三百日も祭りがおこなわれているのだ。この背景には、盆地と街道の存在がある。まず、秩父山地に囲まれ、荒川沿いに形成された秩父盆地には農業などを通じた地域コミュニティー内での助け合い、共同作業が存在した。そんな地域での楽しみといえば祭りである。一方で養蚕業が盛んで、街道があり、昔から物流が発達していたため、豪商と呼ばれるような商人も現れた。この商人が祭りを経済的に下支えしたため、祭りはさらに盛り上がり今日に至る。

秩父の獅子舞の多くは「三匹獅子舞」（獅子舞は○頭と数えることもあり、一人立ち三頭獅子舞と呼ぶ場合もある）という種類に分類される。なぜ三匹獅子舞なのかという点について、関東地方各地を中心に獅子舞団体に伝えられる『日本獅子舞之由来（日本獅子舞来由）』という古い巻物によると、太陽、月、星という天体を表現しているともいわれている。さらに、獅子舞の周囲を囲む四人の花笠は春夏秋冬という四季、あるいは東西南北や四天王などを表しているという。三匹獅子舞にはこのように万物を包括するような壮大な思想が詰め込まれているのだ。

浦山の獅子舞は手前から大雄《たいゆう》獅子、雌獅子、雄獅子の3頭1組になっておこなう舞いである

獅子のほかには花笠やささらも登場し、祭りに華を添える

家を一軒一軒祓い歩く悪魔祓い

三匹獅子舞のなかでも、とりわけ秩父さくら湖付近に伝承されている「浦山の獅子舞」が印象深かった。二〇二二年十月二十三日、秩父市浦山の大日堂境内で演じられた浦山の獅子舞を取材した。担い手によれば、風がそよぐ音や川のせせらぎなど身の回りの自然をもとに作られた獅子舞らしい。ときには獣のような激しい動きもあるのが見どころである。まるで、猪が山で踊っているような力強さを感じた。そんな激しい獅子舞に畏怖の念を抱きながらも、うれしいことに獅子舞を鑑賞するだけでなく、その演舞を間近に体感することができた。獅子舞と一緒に大日堂をぐるぐると回ったり、獅子舞の円の中心に入って厄除けを祈願してもらったり。演舞のあとには記念撮影タイムもあった。また、獅子頭をかぶることもでき、演舞の際に使用する大きな太鼓や刀に触れることで、その土地から湧き出るように生まれた芸能が脈々と受け継がれていることを肌で感じることができた。

そのあとは獅子舞とともに悪魔祓いが登場！　集落の家を一軒一軒巡っていくのに、僕もついて歩いた。悪魔祓いは顔中に化粧を施し、原始的な信仰を思わせるカラフルな装束を身にまとっていて、その姿には一瞬ギョッとする。

悪魔祓いは地域の家を一軒ずつ回って、部屋のなかで頭を下げる人々の周囲をぐるぐると回って厄祓いをおこなった。僕も一緒に民家に招き入れられ、お祓いをしてもらうという貴重な機会にも恵まれた。

ところで、この浦山という地域には浦山歴史民俗資料館がある。獅子舞の展示をしている資料館を探すなかで見つけたのがこの施設だ。浦山地域は毛附、川俣、金倉、細久保、冠岩という五つの耕地からなり、一九五五年の調べでは、合計の世帯人口は四百四十戸だった。しかし、浦山ダムの建設や小・中学校の閉校などの影響で人口流出が進み、二〇一六年には六十四人と六十年前の半数以下に減少してしまった。そこで地域の生活文化の保存や復元を目的として浦山歴史民俗資料館が建設されたという。人口減少は獅子舞にも大きな影響を与え、ダム建設によって伝承の場が失われてしまい、現在は地域外の在住者がお盆や秋に訪れて獅子舞をおこなうことで継承している。二一年六月十二日にこの資料館を訪れたとき、地域の子どもたちに遭遇した。浦山の獅子舞の展示を怖がって見ていた子どもたちが、舞いの映像には興味を引かれたようで、「獅子のおうちはどこ?」と大人に質問していたのが印象的だった。浦山の獅子舞の魅力は、まさに「獅子舞が地域存続のよりどころになっている」ことにあると思う。この六十年で人口が半分以下に激減するなかで、お盆と秋には獅子舞を存続させようと地域内外から人々が集ってくるというのはすばらしいことである。地域に根付いて継承されてきた獅子舞が、地域の絆をつないでいるのだ。

3

苔で覆われた雨乞いの獅子頭「椎名崎の獅子舞」（千葉県千葉市）

この獅子頭はなぜ、苔で覆われたのだろうか。一風変わった獅子頭が近年、千葉県千葉市緑区椎名崎町の聖宝寺で発見された。明治時代に雨乞いで使われた獅子頭と推測され、千葉市中央区浜野町にある旧生浜町役場庁舎で開催された「椎名崎の雨乞い・雨降りガッコ展」（二〇二二年十一月十七日から十二月十日）という展示でお披露目されることになった。この展示は、同施設の管理運営をおこなうＮＰＯ法人ちば・生浜歴史調査会が郷土愛の醸成を目的として企画したものである。これを「Twitter」で知った僕は、この謎深い獅子頭の魅力に引かれ、十二月三日に現地に向かうことにした。

旧生浜町役場庁舎は九十年以上の歴史があり、昭和初期のレトロな洋風建築物で、一般公開されている。さっそくなかに入って、椎名崎町に伝わる雨乞いに使われた獅子頭を見ることができた。スペースの最奥に展示されたその獅子頭の風貌には驚かされた。手作りの素朴さがあり、どこか神秘的で、ほかの獅子頭にはない独特の魅力がある。水の象徴である龍頭の形態をしていて、明らかに雨乞いのためのものとわかる。雌雄一対で、雄には角と耳があるが、雌には耳だけで、双方とも取り外しが可能な作りである。杉材で作られた獅子頭の表面に苔が貼り付けられていて、鼻髭には「ウゴ」と呼ばれる海藻（オゴノリ）が使われている。雄獅子には角と角の間に宝珠があり、梵字で何か書かれた跡があった。頭にかぶる部分は竹籠でできていて、内部に和紙が貼ってある。

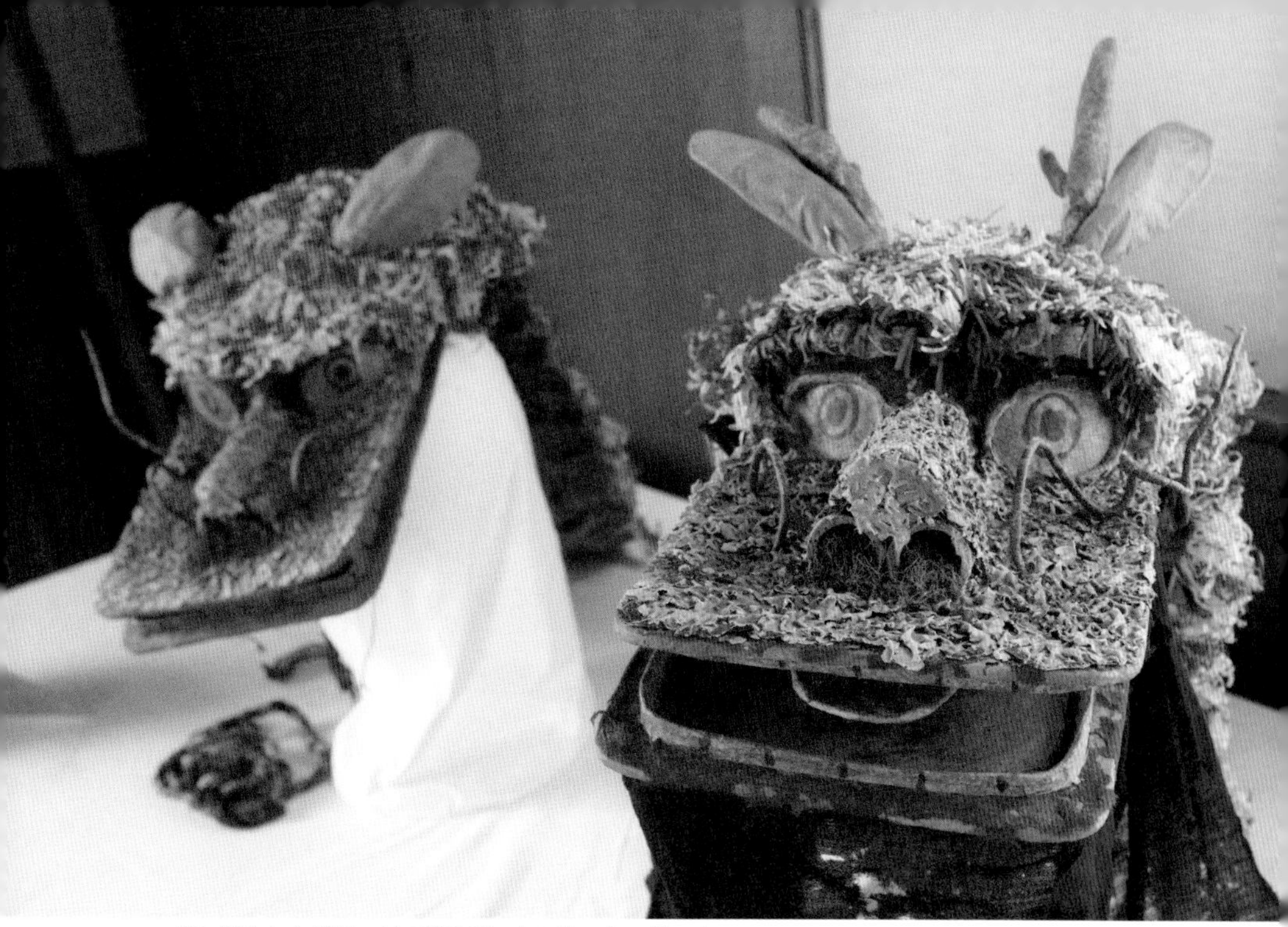

苔に覆われた雄雌一対の獅子頭、右が雄で左が雌である

それにしても、どうして獅子頭が苔に覆われているのだろう。歴史調査会の方の話では「獅子頭が作られたときから覆われていたのでしょう」ということだが、苔で覆う理由はよくわからないという。龍の鱗のような模様にしたかったのかもしれない。あるいは、苔は湿気がある環境で育つため雨が必要で、それが雨乞いと掛けられているのかとも思ったが、どこまでも推測の域を出ない。

この獅子舞の舞い方についても考えてみよう。千葉県内の獅子舞は、古い資料では「羯鼓舞《かっこまい》」と記されることも多く、椎名崎の獅子舞もその一種だ。山伏、天狗、猿田彦、笹すり役の子ども、警護などが参列したにぎやかな行列のなかに獅子がいた。椎名崎には「獅子歌」と称された歌が残っていて、舞いの内容は歌のなかに読み取れる。雄龍が霧のなかにいる雌龍を探し当て歓喜するという内容だ。最後は、雲が出て雨が降ってきて「もう帰ろう」という場面で終わる。まさに「雨乞いの獅子」である。

雨が降ることは、農作物の生育ばかりでなく、

鼻の穴から出ているのが海藻（オゴノリ）の鼻髭。鼻の横から生える長い髭は、紙で覆った針金で作られている。口は開いているが開閉できる作りにはなっていない

獅子頭の内部構造、頭にかぶる部分は竹籠でできていて、内部に和紙が貼ってある

日常生活に欠かせない水の確保という観点からも重要なことだった。雨乞いの獅子頭が伝わる地域では、雨乞い祭りをしても雨が降らないときは、なんと雨乞い祈願を主宰した神主が切腹したという話も残っている。雨がどれほど人々に望まれていたのかがわかる。もともとこの雨乞いに使われた獅子頭は「箱を開けて虫干しをするだけでも雨が降る」といわれていて、それを身に着けて舞うことでさらにその効果は増しただろう。

今回の「椎名崎の雨乞い・雨降りガッコ展」で配布されたパンフレットに、興味がそそられる記述があった。百年以上前の一八九四年の天気に関して、銚子の気象台のデータが残っていて、雨乞いの祭りがおこなわれた記録が残る同年には、六月の降水量が十六・二ミリ、七月は五・九ミリだったという。これは平年の降水量と比較すると極端に少ない量である。特に七月八日から二十八日の期間は降水量ゼロとされ、非常に苦しい生活を強いられていたことがうかがえる。七月二十日の夜に雨祈禱、翌二十一日と二十二日に獅子頭の虫干しがおこなわれたがそれでも雨は降らず、二十三日に千葉警察署に雨乞い祭りの許可をもらい、二十七日と二十八日に舞いを奉納したと記録されている。このくらい雨が降らないと雨乞いという呪術に頼らざるをえないということだろう。

今回の展示に際しては、ちば・生浜歴史調査会の方々が来場者向けにわかりやすい解説文を書いたり、展示場所が直射日光に当たらないように配慮したりと、主催者側の試行錯誤があったようだ。確認できていない埋もれた資料もまだまだあるということで、この獅子頭の研究が進展していくことを楽しみにしたい。そのような思いで会場をあとにした。

4

演舞の途中で子どもが誕生!「誕生獅子」(東京都大田区)

「誕生獅子」という獅子舞がある。その名のとおり、父獅子と母獅子との間に子獅子が生まれるという獅子舞だ。この獅子舞に初めて出合ったのは、二〇二二年十一月二十日に埼玉県白岡市でおこなわれた全日本獅子舞フェスティバル白岡だった。二頭の獅子舞が登場して演舞が続いていく。「誕生ってどういう意味なんだろう?」と考えながら見ていると、突然、母獅子のなかから子獅子が生まれた。その誕生の瞬間、「どこから生まれたの? どこに隠れてたんだろう?」とマジックを見たかのような驚きがあった。会場からも「おお〜!」という歓声とともに拍手が湧き起こる。多くの観客が二頭の親獅子の演舞に注目していたにもかかわらず、どうやって子獅子が登場したのかわからないという凄技である。まさに人を楽しませる獅子舞なのだ。

この演舞に感動してぜひ取材したいと思い、調べ始めた。誕生獅子はもともと兵庫県の獅子舞だと思っていたのだが、フェスティバルに出演したのは、どうやら東京で活動している獅子舞団体のようだ。二〇二三年十二月十日に東京の五反田で練習会があることを知り、ウェブサイトから問い合わせをして、練習会場で取材をおこなった。練習風景を見せてもらい、担い手から話を聞くことで、この獅子舞の素顔を知ることができた。

まずはこの獅子舞の始まりを振り返ってみよう。戦後に兵庫県神戸市の生田神社で始まった獅子舞を習

埼玉県白岡市でおこなわれた全日本獅子舞フェスティバル白岡での演舞

った担い手が、東京でも活動を開始したのがこの「誕生獅子」である。当時の立ち上げメンバーは九人ほどで、そのときに先頭に立って声をかけたのが木藤準人さんである。木藤さんは兵庫の生田神社で獅子舞の担い手だったが、仕事の都合で兵庫から東京に転居し、その話を会社の同僚にしたところ、「ぜひ結婚披露宴で演舞してくれないか」と頼まれた。メンバーを集め、兵庫の生田神社で師匠に習った獅子舞を五カ月間の練習で演じるまでになった。ものすごいスピード感である。道具も生田神社から借りて、獅子舞を東京で上演したのだった。当初は結婚披露宴が終わったらそれまでだと考えていたが、予想外に盛り上がり、団体にして取り組んでいこうということになり、二〇〇三年に「誕生獅子保存会」が生まれた。それ以来、結婚披露宴や自衛隊の日米交流パーティー、浅草のサンバ、さらには海外まで、さまざまな活躍の場を経て現在に至る。近年は一月に「THEこども寄席」、二月に東京都大田区の雪谷商店街、六月に兵庫県の鬼子母神大祭などで演舞をおこなうのが定例になっている。練習は月一回、五反田の文化センターなどを借りて実施して

五反田での獅子舞練習の様子①

いるそうだ。僕が仲介して公演を依頼した際にも、限られたスペースと限られた人数で、見応えがある誕生獅子を披露してもらった。
このように数々の活動実績がある保存会だが、地元の獅子舞を東京という離れた地域で受け継ぐには、多くの困難を乗り越えなければならなかっただろう。僕の想像さえ及ばないような大変なことがたくさんあったにちがいない。当初は神社側に新しい「誕生獅子」の団体を作りたいと申し出たことに対して、「この獅子の舞い方はもともと「胡蝶崩し」という演目で、誕生という名称は使っていない」などと反対する声も上がっていたという。それでも根気強く獅子舞を続け、生田神社の伝統と師匠の教えをそのまま受け継ぐことを徹底しながら、それをベースにしっかりと観客を魅了する獅子舞を作り上げている。獅子頭や油単（胴幕）は京都の職人に依頼してあらためて新しいものを作り、子獅子の油単の色をわかりやすくオレンジ色にするなど工夫した以外は、生田神社の獅子舞をほぼ変えることなく継承しているそうだ。
東京で獅子舞を続けていくためには、担い手の育成

五反田での獅子舞練習の様子②

にも配慮が必要だ。実際に生田神社の獅子舞の担い手を経験したことがあるのは、代表の木藤さんと笛の茂木さんだけ。ほかのメンバーはウェブサイトから問い合わせをして加入した人が多く、総勢二十人ほどの東京在住者で構成されている。年齢制限はなく、幅広い世代を受け入れている。練習に参加していた子どもたちにどうして参加しようと思ったのかを聞いてみると、「とにかく獅子舞がしてみたかった」と口をそろえて答えてくれた。演舞を見て直感的に引かれる何かがあり、子どもたちは遊び感覚で自分の体を動かしてみたくなるのだろう。東京で根付いてきた歴史がある獅子舞ではないので、地域学習の文脈で小学校などの教育機関に入っていくことは難しい。担い手不足も感じている。それでも徹底的に獅子舞を楽しむ遊び心と、「誕生獅子」という魅力的な舞いが、子どもを引き付ける鍵になっているのだと感じた。

日本各地に獅子舞は存在するが、その大半は昔から受け継がれてきたものである。地域で受け継がれている固有の獅子舞を東京という異郷にもってきて、獅子舞にふれたこともない初心者を担い手として育成して受け継いでいくには、膨大なエネルギーが必要だろう。実際にそれを試みたものの挫折した団体もある。獅子舞を続けていける理由を木藤さんに尋ねたところ、「獅子舞を演舞していて楽しいという思いがあるからかな。例えば、子獅子が生まれるところで、子獅子が隠れていたなんて気づきもしなかったと喜んでもらえることもあります」とのこと。演舞をしている最中でも、透けた油単からうっすらと観客の反応が見える。大きな拍手や歓声に元気づけられ、ホッとして、それ以降の演舞が楽になる。子獅子が生まれる瞬間に感動してもらえるというのは、観客にとっても担い手にとっても喜びの瞬間なのだ。魅力的な舞いと熱い思いが実を結び、新しい獅子舞がここに誕生したのだ。

5

お湯を観客に振りまく「湯立獅子舞」

（神奈川県足柄下郡箱根町）

温泉地として人気が高い神奈川県箱根町。そのなかでも宮城野と仙石原に伝わる「湯立《ゆたて》獅子舞」は希少な舞いの形態をいまに伝えている。獅子がお湯を振りまく場面が見どころで、お湯を浴びた人は一年間病気にかからないそうだ。天下泰平や家内安全、五穀豊穣などの願いが込められている。

湯立獅子舞は、二〇二二年三月には国の重要無形民俗文化財に指定された。文化審議会答申の解説によれば、「湯立神楽と太神楽系の獅子舞が組み合わされた希少な事例であり、神楽の変遷の過程や地域的特色を示して重要である」と記されている。湯立神楽とは、大きな釜で湯を沸かして場を清め、神職や巫女が笹などで湯を参拝者に振りかけて無病息災を祈願するもので、このような「湯立神事」は全国的に存在する。しかし、湯立神事や舞いの奉納までを太神楽系である「獅子頭をかぶった獅子」がおこなうのは、全国でも非常に珍しい。

現在では箱根の三カ所と、箱根の協力を得て復活した静岡県御殿場市の合計四カ所だけ。箱根では、仙石原の諏訪神社（毎年三月二十七日）、金時山の麓に鎮座する公時《きんとき》神社（毎年五月五日）、宮城野の諏訪神社（毎年七月十五日）が、その湯立獅子舞に出合える貴重なチャンスである。現地を訪れ、獅子舞を見ているとお湯をかけられる場面に立ち会うことができる。

湯立獅子舞はいつ、どのように始まったのだろうか。仙石原の諏訪神社境内にある「箱根仙石原湯立神

グツグツと沸いている湯をかき回す獅子

楽の碑」によれば、一七七六年（安永五年）に甲斐国郡内下吉田村（現・富士吉田市下吉田）の住人である萱沼儀兵衛という人物が湯立神楽を伝えたことに始まるそうだ。このとき、湯立神楽を演じたのが疫病封じの獅子であり、今日ではこれを湯立獅子舞と呼んでいる。このとき、氏子に湯を振りかけたのが獅子だったかどうかは定かではない。現在の湯立獅子舞の特殊性は、獅子が湯を振りかけるという点にある。獅子が神楽の法力によって、まるで行者のように、氏子の頭に熱湯を振りかけるという熱冷ましの所作が無病息災につながるというわけだ。

ここからは、仙石原の諏訪神社で二〇二二年三月二十七日におこなわれた湯立獅子舞の様子を振り返ろう。始まる前の諏訪神社の境内には、参道脇に獅子が幣束やクマザサとともに置かれ、荘厳な雰囲気を放っている。正午ごろに湯立獅子舞が始まり、宮舞、平舞、劔の舞、行の舞、宮巡りの舞、釜巡りの舞、四方固めの舞という七つの舞いが奉納された。演目名と担い手の名前が木の板に書いてある。演目の多くは二人立ちから始まるのだが、後ろの人は胴幕のなかに入らずその裾を持つ。笛や太鼓は左のほうに控えている。一人立ちのときもあるが、その際は胴幕の裾を腰に括り付け、動きやすいような形で舞う。獅子が二本指を高く振り上げ、円を描くように回るしぐさもみられる。やがて獅子は二人立ちに変わる。笛や太鼓のテンポがどんどん速くなり、そのリズムに合わせて、獅子は荒ぶるように激しい動きになっていく。

後半の釜巡りの舞が始まると、ついにクライマックスを迎える。獅子が結界のなかに入り、大釜

氏子や囃子方などに向けてお湯を振りまく

獅子が2本指を高く振り上げ、円を描くように回る所作もある

の四方を回っていく。これを「湯立ての行」という。途中、なんと釜の下で燃え盛る火を踏むような所作もあった。しかし、痛みは全くないという。キビキビとした無駄がない動きのなかで、痛みなど感じない神がかりの状態になるのだろうか。それから獅子はクマザサを手に取り、グツグツと沸いているお湯のなかにそれを浸してかき回す。ここからは「湯冷ましの法」である。クマザサをブワッと引き上げると、たちまち白い湯気が立ち込めた！

呪文を唱え、かき回し、振り上げる。その繰り返しのなかで、あふれるお湯が足にかかるのだが、これも全く熱く感じないという。湯釜から引き上げたクマザサを持って小走りで移動し、参道脇で神に祈りを捧げる。数回の祈りのあとに、氏子や囃子方などに向けてお湯を振りまいていく。みんな頭を下げて、その恩恵にあずかる。一年、健康に過ごせますように。

諏訪神社での湯立獅子舞は二時間半ほど続いた。地元の氏子を中心に多くの参拝客が訪れ、にぎわっていた。国の重要無形民俗文化財に指定されたこともあり、「おめでとうございます」と受付のテントで挨拶をしている人も多かった。

今回、湯立獅子舞を見ていて、湯気が沸き立ち獅子が荒ぶるなかで、境内がこの世のものではなくなり、まるで次元のはざまにいるような感覚を覚えた。思わず「ここはどこだろう？」と周囲を見回したほどである。「熱を冷ます法力をもつ」という感覚にはうなずける。箱根は古代から山岳信仰の霊地とされ、修験者たちによって祈りが捧げられてきた。霊場だった箱根の地で、湯立獅子舞は脈々と受け継がれてきたのだ。

獅子舞を収集しつづけ「獅子博物館」を作った

——髙橋裕一さん（獅子博物館館長）

埼玉県白岡市の住宅街の一角に、世界の獅子舞が一堂に会する私設の博物館がある。その名も「獅子博物館」だ。自宅の横に併設して博物館が作られていて、完全予約制になっている。入館料は五百五十円。一階に獅子舞が所狭しと展示されているのに対して、二階は郷土玩具や飾りとしての獅子も多い。全体で何頭いるかわからないほど数が多く、その展示品の数々の合間を縫うように各地の獅子舞に対するコメントも付されていて、知的探究心が刺激される空間だ。

この博物館を立てたのが館長の髙橋裕一さん。獅子頭の収集を始めてすでに四十五年以上だ。もともと会社員時代に職場の大先輩が集めていた郷土玩具の獅子舞コレクションに触発されて、一九八〇年ごろから獅子玩具収集が始まった。それが二、三年のうちに獅子舞の獅子頭などの収集へと発展したそうだ。獅子頭の収集方法はさまざまだ。各地の獅子舞を訪れるたびに地域で継承する獅子舞と同じデザインの獅子頭を職人に発注して作ってもらうこともあった。またインドネシアのバロンダンス（獅子舞に似たバリの伝統舞踊。善と悪の象徴として獅子の形をした聖獣バロンと魔女ランダの戦いを表現する）は新宿の京王百貨店のイベントでの演舞で、来日した村の王様から直接購入したものだという。百貨店の受付の方から「村の大切なものだから売れません！」と言われたがそれにめげず、楽屋にいって交渉したら「いいよ」という返事をもらった。このようなイベントの際に必要な道具などを持ち込むには輸入手続きが必要になる。もちろん帰りも輸出手続きをしなければならない。そのため、日本で販売して現金を得たほうが現地の人にとっても金銭的に助かるという事情があったようだ。このように獅子頭一つひとつに取得の物語があり、地道な交渉の成果としてこの獅子博物館ができたというわけだ。獅子博物館は八八年に自宅内で「ミニ獅子博物室」として発足、九三年に自宅奥の建物で

獅子博物館で解説をする髙橋さん

獅子博物館として開館された。

髙橋さんはこの獅子博物館を運営するだけでなく、全日本獅子舞フェスティバル白岡の運営もおこなっている。これは毎年十一月ごろに埼玉県白岡市で開催される獅子舞のイベントだ。日本全国の獅子舞が白岡市中央公民館に集い、各団体ごとに個性あふれる演舞を披露するのが特徴である。もともとは全日本郷土芸能協会と各地の機関と獅子博物館の共催で、全国各地で開催してきた「全国獅子舞フェスティバル」があったが、二〇一二年に終了し、そのあとに独力で全日本獅子舞フェスティバル白岡を始めたという経緯がある。このイベント内で功績ある団体や個人を「獅子博物館奨励賞」「獅子博物館特別賞」などとして表彰する。獅子舞を披露した団体には感謝状も贈られる。ちなみに二三年には筆者も加賀獅子の研究などで獅子博物館奨励賞を受賞した。

二〇二二年の開催後に、髙橋さんに話を

聞いたときのことが印象深い。髙橋さんは、「芸能は土地の顔なので、一つひとつが違っておりまして、優劣はつけられないなとあらためて実感しました。そのなかでも、頑張っておられて特色がある団体をジャンルがかぶらない形でお声がけしました。獅子舞、しし踊りなど「シシ」の芸能は姿形が違っていても、一本の糸でつながっています」と話してくれた。獅子舞の収集の原動力の根底には、獅子に対する熱い思いと博愛の精神がある。

第4章

獅子舞探訪記：中部篇

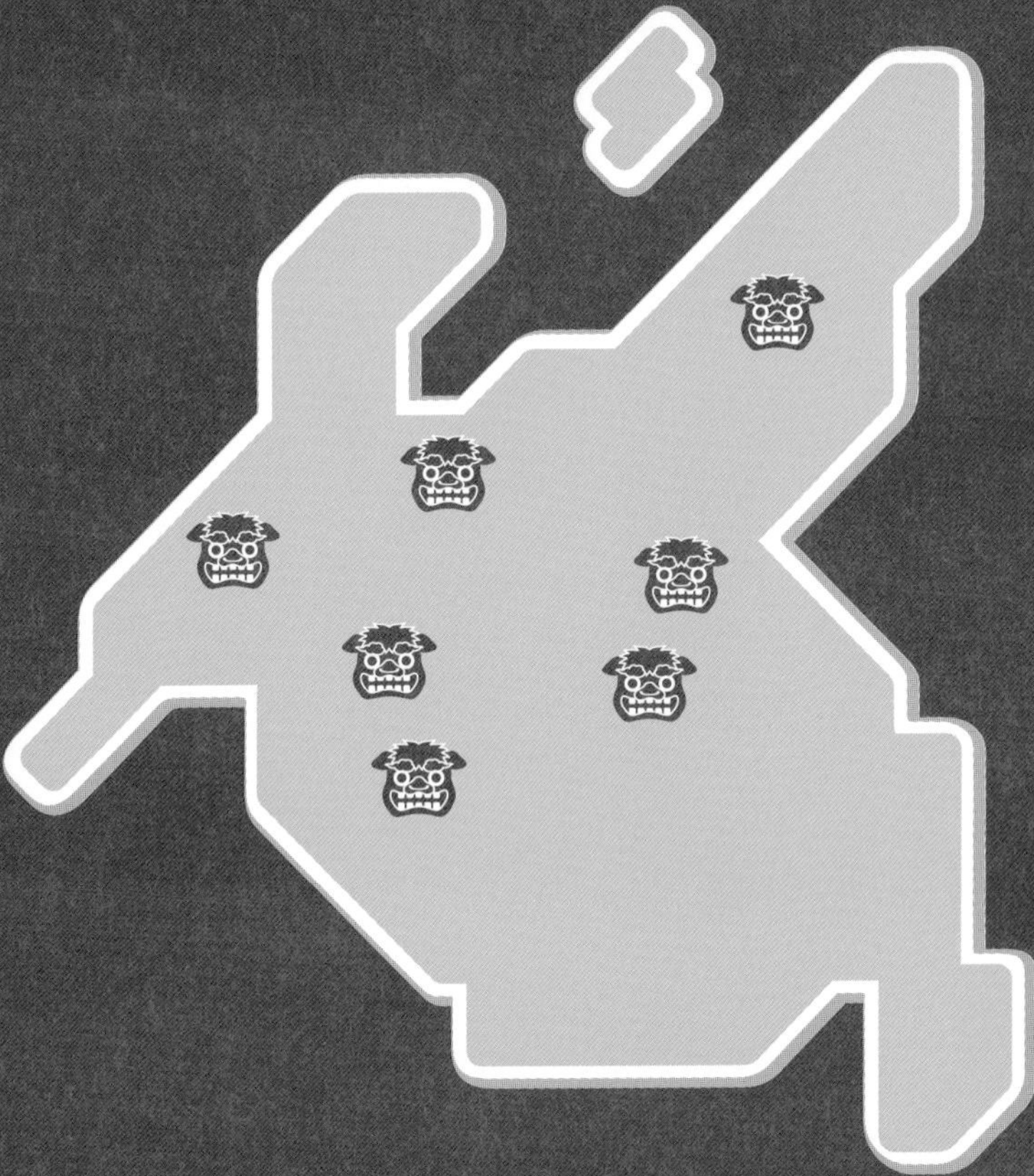

中部地方は全国にも増して、獅子舞が盛んな地域である。とりわけ富山県や石川県の一帯は日本で最も獅子舞が盛んにおこなわれている地域の一つであり、加賀前田藩の加賀獅子は獅子殺しと呼ばれる獅子退治の演目が特徴的だ。獅子退治といえば、岐阜県にも金蔵獅子がある。また、静岡県の仁藤の大獅子、長野県南部の胴長の屋台獅子、岐阜県の獅子芝居など、特色ある獅子舞が点在する。福井県の王の舞や愛知県の花祭など、貴重な民俗芸能にも獅子舞が取り入れられている。

1

子どもが貧困と敵討ちを動機に舞い始めた「角兵衛獅子」（新潟県新潟市）

頭にちょこんと獅子を載せた子どもたちが、逆立ち、ブリッジ、肩車などの難易度が高い芸を披露する「角兵衛獅子」。旧新潟県西蒲原郡月潟村を発祥とする郷土芸能で、「越後獅子」や「蒲原《かんばら》獅子」とも呼ばれる。派手な獅子舞を子どもたちが演じることで江戸時代に全国的な大ブームになり、その後さまざまな断絶の危機を乗り越えて今日まで受け継がれてきた。

角兵衛獅子の故郷である新潟県月潟は信濃川の支流・中ノ口川に近い沼地だったうえ、川の氾濫によって作物が水につかって腐り、飢餓に苦しむことも多かった。そのため、米をはじめとした農作物の生産に頼りきることなく、諸国を巡業して芸能を披露し、資金を稼ぐようになったとされる。また常陸国・水戸の住人だった「角兵衛」にまつわる話も残っている。角兵衛は水戸から月潟に移り住んだが、何者かに殺害されてしまった。角兵衛は犯人ともみ合った際、相手の足指を噛み切ったといわれている。そこで残された角兵衛の息子の角内・角助兄弟は大衆のなかで逆立ちすることを思いついた。「あんよ（足）を上にして、あんよの指のないものを気をつけて見れ」。つまり、足の指が目線の先にくる姿勢で芸を披露することで、父親の敵である人物を探し出そうとしたのだ。このほかにもさまざまな説があるものの、川の氾濫に悩まされてきたという土地柄と、角兵衛の敵討ちを背景にして、角兵衛獅子は江戸時代中期に始まったとされる。とりわけ敵討ちから始まった獅子舞という由来は、全国的にみても珍しい。

角兵衛獅子演舞

舞い方やデザインにも特徴がある。獅子神楽と三匹獅子舞が融合した形態で、それを子どもが演じているというのが、角兵衛獅子を考えるうえで重要なポイントだ。当時、江戸では伊勢大神楽などすでに大流行していた芸能があり、よほど面白いものでないと見向きもされなかった。巡業してお金を稼ぐには、まず「魅せる獅子舞」を作らなければならなかったのだ。そこで、獅子神楽の一つである伊勢大神楽を原型とし、それに三匹獅子舞の形態を取り入れ、さらに子どもに演じさせることによって、「これは見たことのない獅子舞だ！」と人気を獲得していったといわれている。そして新潟から江戸へ、さらに関東地方、東北地方などへと、巡業地を広げていくことに成功した。江戸時代の文化期（一八〇四―一八年）には長唄「越後獅子」が作曲されるなど人気を博した。角兵衛獅子は観客が喜ぶ芸を考えた末に辿り着いた、エンターテインメント性が高い獅子舞なのだ。

角兵衛獅子は「魅せる獅子舞」としての芸の技術を高め続けたものの、そのために明治以降は演じる子どもへの負担が大きいという声が上がるようになった。幼いころから芸人として育て、至難の曲芸を身に付けさせるのは身体の酷使につながるという社会的批判が高まったのだ。この批判の背景には義務教育が整備されたことや、法律に基本的人権が盛り込まれたこと、庶民の生活が向上したことなどさまざまな社会制度や市民意識の変化が関わっている。また、サーカスなどの西欧文化が流入してきた影響もあり、人々の関心が新たな娯楽へと移っていった。そしてついに、角兵衛獅子は一九一七年（大正六年）ごろに消滅してしまった。

　しかしその後、一九三六年に角兵衛獅子の消滅を惜しむ有志によって保存会が発足し、義務教育の年齢を過ぎた地元の芸妓の協力で復活することになる。復活には相当な苦労があったようだが、五九年ごろには地域の小学校の理解を得て、条件付きで担い手を確保することに成功した。ここから再び角兵衛獅子の存在が全国規模で知られるようになっていく。大佛次郎の小説「鞍馬天狗」シリーズのうち、二七―二八年にかけて発表された長篇「角兵衛獅子――少年の為の鞍馬天狗」には角兵衛獅子が描かれ、五一年には歌手の美空ひばりが「角兵衛獅子の唄」を発表。七二年には天皇・皇后両陛下の前で演舞を披露するまでになった。二〇一三年には新潟市無形民俗文化財に角兵衛獅子が指定された。

　現在、角兵衛獅子は毎年六月の第四日曜日におこなわれる「角兵衛地蔵尊祭」（愛称は月潟まつり）で披露される。この祭りは、諸国を巡業行脚していた角兵衛獅子がこの期間だけは地元に帰り、一年間磨いてきた技を角兵衛地蔵に奉納して、その霊を慰めたことが始まりといわれている。角兵衛獅子の舞いのほか、近隣の郷土芸能の披露、山車行列などさまざまな催しがおこなわれる。

　復活した現代の角兵衛獅子がどのような様子なのか知りたくて、二〇二二年六月二十六日に月潟まつりを訪れた。多くのカメラマンや地元メディア、観光客などでにぎわうなか、角兵衛獅子は十五時から始まった。演舞はフルバージョンで、舞い込み、金の鯱鉾《しゃちほこ》、かにの横ばい、乱菊、青海波、水車《みずぐるま》、俵ころがし、獅子頭を付けた水車、人馬《にんば》、唐子人形お馬乗りの演目が次々と演じられた。約三十分の演舞で、難易度が高い技が登場するたびに会場に大きな拍手が湧き起こった。胴幕を顔前に下ろして獅子舞の格好をしてい

月潟まつり演舞会場全体写真

月潟郷土物産資料室に展示された昔の角兵衛獅子の写真

る場面もあるが、動きが激しい技をするときなどは、赤い胴幕を頭に括り付けて顔が見えるようにおこなっていた。例えば、「大井川の川越しの形」は肩車をして両手を広げるというものだ。実際に昔の人は大井川（現在の静岡県）を渡るとき、水量が多いので人足に頼んで肩車をしてもらっていた。その様子を模しているのだろう。そのほか、人馬、唐子人形お馬乗りなどの大技を決め、角兵衛獅子の担い手たちは白山神社をあとにした。手を振りながら退場する姿は、まさに地域の人気者そのもの。角兵衛獅子ファンも多いように思われた。一時は途絶えてしまった角兵衛獅子だが、復活を遂げ、地域に脈々と受け継がれているのが実感できた。

2

タイマツの火が獅子を奇襲する

「新湊の獅子舞」

（富山県射水市）

富山県といえば、獅子舞伝承数が日本屈指の県である。一九九四年の富山県教育委員会の調査では千百七十という伝承数が明らかになった。富山県には何度も通い、なぜこんなに獅子舞が盛んなのかと尋ねて歩いたものだ。ある獅子舞団体の担い手によれば「春や秋のお祭りで獅子舞をしていると、隣町の住民が楽しそうと感じて、自分たちもやりたいから教えてほしいと言ってくる。そんなふうに広まったのではないか」と話してくれた。富山県の人々には、いいものはどんどん取り入れようという気性があるように感じる。実際に富山の獅子舞は石川方面の加賀獅子、新潟方面の下新川獅子、岐阜方面の金蔵獅子など、隣接地域の獅子舞の影響を受けている。また売薬や大工など県外で仕事をする人も多く、その際に獅子舞を教えたという話もある。文化交流が多かったことから、獅子舞も盛んになっていったのだろう。

富山県射水市新湊の獅子舞は周辺地域との文化交流に加えて、舞い方の研究を重ねることで、迫力ある独自の獅子舞へと変化していった。このことを実感できたのは、二〇二二年に新湊の獅子舞を取材したときだった。新湊の獅子舞は江戸時代中期以降に盛んになった。港町ということもあって、西国から来た船乗りが獅子舞を伝えたという伝承がある。一方、新湊市教育委員会編、荒木菊男『新湊の獅子舞――伝統芸能』（新湊市教育委員会、一九九五年）には、新湊で大火があったときに火除けのためのお宮を作り、その慶讃行事として新湊で獅子舞をおこなったという話が出てくる。お宮に奉納する獅子舞を考えるため、魚商の安さんという舞いの名人が、能登や加賀に出かけたそうだ。このように、新湊は昔から獅子舞研究に熱心に取り組んできた。

新湊の獅子舞の特徴はまず、胴幕（蚊帳）が大きいこと。五人以上の担い手が入る「百足獅子」と呼ばれる形態だ。ほかの地域の百足獅子は胴体のなかに竹の輪を通すことも多いが、この竹の輪がないのも新湊ならではの特徴だ。獅子頭は黒色が多く、蛇の目をもち、激しい演舞に耐えられるよう軽く丈夫に作られている。その多くは、獅子頭作りが盛んな南砺市井波などで制作される。近年は射水市内でも獅子頭作りがおこなわれていて、久宗獅子舞工房のように「YouTube」で獅子舞の動画配信をおこない、獅子頭作りの実演販売などのイベントを通じて獅子舞文化を積極的に広めていく動きもある。

二〇二二年五月十四日に久宗獅子舞工房の紹介で新湊を訪れ、朝は七時半から夜は二十一時ごろまで獅子舞をたっぷり見て回った。毎年五月中旬におこなわれる春季祭礼では、二十以上の獅子舞団体が各町内で演舞をする。今回見ることができた舞い方をいくつか紹介しよう。まず、天狗面と花笠をかぶった子ども「キリコ（稚児）」が獅子と対峙した際に、獅子の胴幕をまたぐようにして馬乗りになるという場面がある。天狗が獅子を操ろうとしているのだろう。また、獅子が酒樽をくわえて口で持ち上げる場面も多かった。酒を飲んでいるうちに、獅子の足元がふらついてくる。獅子の力を防ぎたい天狗にとっては大チャンスである。酒に酔ってふらついた獅子に向かって、天狗が剣や弓矢などを用いてとどめを刺そうとする。ただでさえ重たい獅子頭を持っている担い手が、それに加えて酒樽を持ち上げるのだから会場は盛り上がる。合計で十キロを超えるので、バランス感覚も必要だ。また、タイマツを操る天狗も登場した。これは射水市六渡寺の「夜叟振舞《よそぶり》」の火をつけたタイマツを持つ舞いが始まりといわれていて、それに影響を受けて「大回り」という演目などに火がついたタイマツを取り入れたそうだ。天狗がタイマツをともして獅子を探し始め、獅子を見つけると火で威嚇する。火は「万物を生み出す」とも伝えられている神聖なもの

タイマツを持った天狗が獅子と舞い狂う（横町）

である。タイマツを操る様子に観衆はハラハラし、その迫力に圧倒される。近年はこの舞い方を取り入れる町内が多くなってきていて、大人気になっている。また、新湊の獅子舞はときおりトグロ巻きの所作を見せるが、地元の人は「これはヤマタノオロチだ」という。確かに酒を飲ませて剣で刺す、蛇の目をした獅子頭を用いる、トグロを巻く、これらはいずれもヤマタノオロチを連想させる特徴である。また、漁師が航海の安全と大漁を祈願するボンボコ舞を獅子舞に取り入れた「オーベッサン」という演目もある。釣りをするような所作があり、弓を持って、それを釣り竿に見立てて舞うこともある。これも新湊ならではの演目である。このように獅子舞の演目はバラエティーに富んでいて、十五種類ほどの演目をもっている団体が多い。ご祝儀（花）の金額に応じて演目数も舞い方も変わるため、なんと一回で十万円以上のご祝儀が出ることもある。この金額であれば、とびっきり豪華な演舞になる。

このように新湊では文化的な交流を背景として、

獅子が大きな酒樽をくわえて持ち上げる（善光寺町）

久宗獅子舞工房の獅子頭作りの様子。大量ののみを使って微細な表現を施していく。獅子頭は黒が多く、天狗面なども制作する

各地域が相互に獅子舞を教え合いながらも、独自のすばらしい獅子舞を作り上げてきた。子どもたちも獅子舞をやりたいという意識が強く、親に買ってもらった獅子頭を持ち、祭りで自然と舞い始める小さな子どもさえいる。「自分たちが富山県でいちばん!」という意識をもって獅子舞に取り組む情熱が、次の世代にも伝わっているのだろう。燃え盛るタイマツの火のように、これほどまでに獅子舞に情熱を注ぐ地域というのは、日本全国を見渡しても珍しいだろう。

3

棒振りが獅子殺しをする
「橋立地区の獅子舞」（石川県加賀市）

加賀獅子は石川県金沢市付近を拠点として生まれた獅子舞であり、全国的にも特異な「獅子殺し」という舞い方がある。これは厄を祓うはずの獅子舞が「厄として祓われる」存在になり、棒振りという役が槍や薙刀、鎖鎌などの武器を用いて、害獣としての獅子を退治していくものだ。初見だと、「え？　おめでたい獅子が退治されちゃうの⁉」と驚く人もいるだろう。

加賀獅子が盛んになったのは、江戸時代以降のことだ。加賀は江戸時代には幕府から外様大名とみなされて厳重な監視下に置かれていた。加賀百万石の経済基盤がありながらも、軍事費に十分なお金をかけることができなかったため、工芸文化を奨励するなど文化政策に資金を注ぎ込んだのだ。ただし文化政策を進めながらも体を鍛えようという思惑があり、そこでさまざまな武器を使う獅子舞の棒振りが考えられたという話を地元の人から聞いたことがある。つまり加賀獅子は、武道に限りなく近い獅子舞といえるだろう。

さて、この金沢発祥の加賀獅子はさまざまな伝播を繰り広げながら南下して、加賀市にも伝えられた。石川県加賀市橋立地区（ここで紹介する田尻町、小塩町、橋立町を橋立三町とも呼ぶ）では、毎年秋祭りで大漁と豊作を祈願する勇壮な白い獅子舞が演じられる。この獅子舞は、明治期のコレラの流行によって石川県内灘町から人々が移住してきたことに始まる。この時代には疫病を祓うために獅子舞を始めたという事例が全国的に多くみられるので、橋立地区もその一つだろう。

橋立の獅子舞は毎年九月中旬に二、三日間開催され、橋立漁港を中心ににぎわいをみせる。僕は二〇一九年に知人の誘いで訪れて以来、何度も通っている。空は青く澄み渡り、太鼓や笛の音、「ロッコイ」という威勢のいいかけ声が響き渡る。海の荒々しさが反映されているのか、この舞いはひときわ激しい。舞い手は二十キロ近い巨大な白い獅子頭を持ち、なんと朝の五時前から夜遅くまで荒々しく舞い続ける。獅子舞について歩いていると「ほらこれ飲めや！」と缶ビールを勧められる。いつの間にか祭りを見ている側から祭りに参加する側へと変化したようで、気分がどんどん高揚していく。

祭りの見どころは、最終日の昼に橋立漁港で開催される三町合同の獅子舞である。田尻町、小塩町、橋立町の獅子舞が、それぞれの町の全住民の家を巡ったあと、この橋立漁港に集う。たくさんの大漁旗がはためき、大きな漁船が立ち並ぶなかで舞う獅子舞は堂々としていて、迫力がある。大漁鍋という魚介の汁も振る舞われる。夜におこなわれる神社への奉納の演舞は「カンサマ」と呼ばれ、非常に盛り上がる。これが舞いの締めくくりになる。

橋立地区の三町にはそれぞれ個性があり、例えば田尻町には「宿」といわれる仕組みがある。祭りがおこなわれる二日間、青年団は昼に二時間ほど地域住民の家に滞在し、家主が大量の昼食を振る舞うという文化があるのだ。いまは青年団が昼食代を払っているが、昔は家主が自らお金を出して食事を振る舞ったという。青年団の人数は二十人以上なのでかなりの額である。かつて十万円分の食費でビールを百本と三十人前の食事を振る舞ったという人もいた。また橋立町と小塩町の棒振りでは、花の香り（花棒）によって雌獅子を誘い出し、最後にとどめを刺す、獅子殺しの舞いがおこなわれる。加賀獅子のなかでも、獅子殺しに花棒が登場するのは珍しい。棒振りは子どもたちが担うことが多く、華やかな衣装を着て舞う。祭りで獅子舞が開催されるときは、地域の小・中学校の行事日程をずらすこともあるそうだ。それほど獅子

橋立漁港でおこなわれる田尻町の獅子舞。シャガと呼ばれる長い髪の毛のような被り物をした棒振りが薙刀を持ち、獅子と対峙する「獅子殺し」の演舞

花棒の花の香りによって誘い出される橋立町の獅子舞

小塩町の白い獅子頭。雌と伝わっていて、強烈な歯打ちに耐えるための鉄板が輝いている

舞は地域の人々にとって優先すべきものである。小学校では本と掃除用具を使った「獅子舞ごっこ」がおこなわれるなど、子どもたちにも身近で人気がある存在だ。

獅子頭の色は通常赤や黒が多いが、橋立地区の三町はいずれも白色で、全国的にもとても珍しい作りだ。例えば、田尻町の獅子頭は二十キロ以上の重さがあり、舞い獅子としてはトップクラスの重量である。表面には高価な鹿革を貼り、強烈な歯打ちに耐えるための鉄板が取り付けられている。この獅子頭はなんと四百万円以上するらしい。工芸文化が発達した加賀ならではの造形、そして価格といえるだろう。ところで、一般的に白い獅子頭は雌であることが多いが、橋立町と小塩町の獅子頭が雌であるのに対して、田尻町は雄である。田尻町の獅子が雄である理由を尋ねたところ、「雄獅子が白いのは雌獅子を笑わせるためだ」と言う人がいた。志村けんの「バカ殿」を思い出してもらうとわかりやすいが、顔におしろいを塗って白くすると、どこか面白おかしい雰囲気が醸し出される。それを見て雌獅子が笑うというのだ。この話から、三町の二頭の雌獅子と一頭の雄獅子がさまざまに相互作用をしながら盛り上がる祭りが作られているという印象をもった。

それにしても、この橋立の獅子舞から感じるのは、とにかく祭り魂があるということだ。お金も労力も何もかも祭りに注ぎ込み、激しくて勇壮な獅子が町を巡って舞い続ける。それを見た他地域の人々は恐れおののき、「祭りの日には橋立に近づくのが怖いくらいに圧倒される」とさえ言われる。橋立の獅子舞を見ていると、どんな悪疫も払い除けるほどの勇ましさを感じる。

4

獅子頭をかぶらない獅子もある「奈川獅子」（長野県松本市）

獅子頭も胴体もない獅子舞が存在する。そんな噂を聞きつけて、長野県松本市奈川の寄合渡《よりあいど》地区を訪れた。松本市の市街地から車で一時間、北アルプス・上高地にもほど近い秘境である。この地域には通常の獅子頭と胴幕を身にまとう演目がある一方で、扇子だけで獅子を表現する演目もある。臨場感あふれる激しい演舞が見どころである。二〇二二年九月に初めてこの地を訪れて以来、もう三度も訪れている。どうやら僕は奈川獅子の魅力に取り憑かれたようだ。

奈川獅子は、氏神である天宮大明神の秋の祭り（九月第一土曜日）で毎年奉納されている。奈川獅子舞保存会の資料によれば、その由来は一九一一年に富山県のキンマヒキ（彩漆塗り職人）だった横井市蔵という人物が獅子舞を伝えたのが始まりとされる。とはいっても、当初は寄合渡ではなく隣接する神谷という地域に伝えられたのだが、神谷地域が後継者不足ということで寄合渡の集落が大正初期にそれを引き継いだ。横井市蔵が伝えた獅子舞は富山県南砺市の獅子舞の形態といわれていて、現在は獅子舞と手踊りによって構成されている。もともと奈川といえば明治末期までは牛追いたちが多く住んでいた地域であり、歴史的にみれば富山県方面とのつながりがある交通の要衝でもあった。そのような背景もあって、獅子舞が伝えられたのだろう。二〇〇七年には、奈川獅子は松本市重要無形民俗文化財に指定されている。

奈川獅子の演舞では村を荒らす大獅子と獅子捕りの格闘が展開され、勇壮で迫力ある動きが見どころだ。

手踊りで獅子舞と同じ動きを表現する

祇園囃子、清森、吉崎、獅子殺し切り返し、薙刀という五つの場面で構成されている。これらは飛騨の国境の山奥に潜むといわれる一頭の大獅子にまつわる物語になっている。大獅子が田畑を荒らして村人を苦しめていたため、村人はこん棒や竹槍で捕らえようと試みたが、獅子を討ち取ることができなかった（祇園囃子、清森、吉崎）。そこで天狗が現れ、技を使ってようやく討ち取ることに成功する。しかし、村人が手柄話に花を咲かせている間に獅子が生き返ってしまった（獅子殺し切り返し）。その後、天宮大明神の薙刀を天狗から受け取った村の薙刀名人が、死闘の末についに獅子を退治することができた（薙刀）という物語だ。これらが大人と子どもの獅子舞と手踊りで、それぞれ反復して演じられる。

獅子舞と対になって演じられる手踊りにはどのような意味があるのだろうか。ここでいう手踊りは扇子を獅子に見立てて踊るもので、身体的な動作は獅子舞も手踊りも大きくは変

暴れる大獅子に立ち向かう村人たち

わらない。ただし、手踊りでは、前述のうち薙刀の演目がおこなわれないという違いがある。演舞終了後、地域の方になぜ手踊りがあるのかを尋ねたところ、興味深い答えが返ってきた。奈川獅子の担い手の間では、「扇子で舞うことができなければ、獅子を舞うことはできない。扇子で舞うことができれば、獅子を舞うことができる」といわれているそうだ。つまり、獅子舞上達のための登竜門のような存在として、手踊りが位置づけられているのだ。この先は僕の推測だが、扇子を扱うときに大きな動きを軽やかに練習することで、その舞いの動きを体に覚えさせることができ、獅子頭と胴体を扱いやすくしているように思えた。獅子舞と手踊りの両方があるからこそ、獅子舞がうまく次世代に継承されているのだろう。

それにしても、奈川獅子の担い手はどの人もとても獅子舞を楽しみ、生き生きとしている。迫力がある演舞を作り上げるうえで、踊り手に強い思いがあるということは大きいだろう。それに加えて、奈川に通い、話を聞くなかで思ったことがあ

獅子舞の練習

る。あれだけ多くの人が生き生きと取り組めるのは、演舞の形態そのものに秘密があるのではないかということだ。奈川獅子は格闘の場面が非常に勇ましく、素直に格好いいと感じる舞いだ。担い手の奈川獅子に対する熱い思いの源泉はこの点にある気がする。「きれいに見せなければならない、型をしっかりとやらなければばならない」など決まりを守るという意識で獅子舞をしている地域は多いが、演舞の形態そのものの魅力が大きいからこそ、もっと前のめりに舞いの所作を学びたいという意欲が湧いてくるのだ。

また、小学生の担い手にインタビューをすると、「朝起きて学校に行くときは眠いですが、獅子舞がある日は楽しみで一日頑張れます」という。なぜ楽しみなのかを聞いてみると、「獅子舞を覚えて自分が納得する踊りができたときに楽しいなと思います。あといろんな人と一緒に踊れるのが楽しいです。大人と話をするのは緊張するのでそんなに深い話はしないですが、それでも奈川は狭くて人が少ないからこそいろんな人と関わり合えるんだと思います」とのこと。なぜ獅子舞がこれほど活発におこなわれているのか。その背景には山奥の小さな集落で、かっこいい大人に憧れて、獅子舞を楽しみに練習に通う子どもたちがいるのだ。

5

商店街復興と獅子の巨大化
「飯田の獅子舞」（長野県飯田市）

長野県飯田市の「飯田お練りまつり」は数え年で七年に一度（六年ごと）におこなわれる。寅年と申年にあたり、飯田市内にある大宮諏訪神社の式年大祭である。二〇二二年三月二十五日から二十七日の日程で開催された「飯田お練りまつり」では獅子舞や行列が練り歩き、町中がにぎわいをみせた。二十六日に現地を訪れたところ、コロナ禍や豪雨などの困難に苦しめられながらも、祭りが盛大におこなわれる光景に感動した。

それでは、お練りまつりの様子を紹介していこう。街を歩いていると、獅子舞や大名行列などさまざまな出し物に出合うことができるが、なかでも獅子舞の大きさがひときわ目を引く。トラックをはるかに超える大きさなので、獅子舞の胴体を動かすには担い手同士の声がけが不可欠だ。「一回後ろ下がってから前に進もう」とか、「ここから曲がります」とか、協力しあう姿が印象的だ。獅子舞は練り歩くだけでなく、門付けもおこなう。大きな獅子が舞っている前で子どもの獅子が舞うこともあり、そのかわいい姿に思わず観客の口元がゆるむ。天狗や鬼が参戦することもある。道端には屋台が並んでいて、牛串、ぶたたま、ポテトなど、お腹が空いたら手軽に食べられるものが多いのもうれしい。なかには獅子頭を売っている祭り道具の店もある。獅子舞がお囃子とセットになっているのか、獅子の後ろを囃子屋台が続いて練り歩くこともあった。この形態は珍しい。

羽場獅子舞

東鼎獅子舞

一色獅子舞

お練りまつりの起源は、一六五一年（慶安四年）に飯田藩主の脇坂安元が、大宮諏訪神社の社殿を大幅に改築し、翌年に祝賀祭を開催したことにある。それから約四百年もこの地で受け継がれてきた。一七三四年（享保十九年）の大祭ののちに、諏訪社本宮に合わせて数え年で七年に一度開催するようになった。なぜ七年に一度なのかという理由は、長野県諏訪地域に伝わる御柱祭とともに語られることが多い。桓武天皇のころ、坂上田村麻呂が諏訪明神の助けを得て蝦夷《えみし》を平定したことから、諏訪神社の社領が加増され、税負担によって社殿の修造がおこなわれるようになった。この社殿の修造が七年に一度おこなわれる御柱祭の起源であり、諏訪信仰が広まった飯田もこの影響を受けている。

戦後になると、飯田お練りまつりの出し物といえば獅子舞が圧倒的に多くなり、現在も最大の見どころになっている。それにしても、なぜ日本でもまれにみるほどの大きな獅子舞が街を練り歩くようになったのだろう。一九二六年に飯田商工会議所が「飯田練祭」のポスターを作成した記録があり、そのころから商工会議所が主導してお練りまつりが飯田全体の祭りになっていったようだ。しかし、敗戦後の四七年、飯田の市街地のほとんどが焼けてしまう飯田大火が発生した。このとき、古くからの屋台がほぼ全焼したようで、祭りも大きな打撃を受けた。その後、五〇年から商工会議所を中心に奉賛会を組織し、飯田の中心市街地だけでなく周辺地域とも協働しながら祭りを復興していった。このときすでに、飯田の農村部では獅子舞が盛んにおこなわれていた。明治以降営まれてきた養蚕によって農村部の経済力が高まり、大型の獅子舞を演じることが可能になっていたのだ。これらがそのままお練りまつりに登場するようになり、今日に至る。つまり、農村部の経済力と祭り魂によって巨大獅子は作られた。そしてそれが飯田の中心市街地に進出し、お練りまつりをにぎわせる存在になったのだ。ちなみに「お練りまつり」という名称の由来は、大勢の人が街に出て練り歩くことからきている。

現在でも獅子舞に親しみをもつ地域住民は多いようだ。飯田市の中心市街地を歩いていると、祭り用品を販売している店に「獅子舞グッズ」が多数置かれているのを見かける。ダンボールで作られた獅子頭などもあり、鼻や眉毛がかわいらしい。祭り用品の店の方に話を聞くと、「お練りまつりで使われている獅子頭は、飯田市の職人さんが作ったものも多いです。十五万円から五十万円くらいで作ることができます。うちでは獅子頭は作っていませんが、法被や鉢巻きを作っています」という。飯田市内にも祭礼用の獅子頭を作る職人がいるようだ。巨大な獅子舞文化が多くの人に親しまれるためには、それを舞台裏で支える職人たちが欠かせない。

6

蛇をくわえて激しく振り回す「へんべとり」（岐阜県高山市）

蛇を噛み、それを口でくわえたまま激しく振り回す獅子舞がいるという。なんともおどろおどろしい話ではないか。怖いもの見たさと、山深い土地ならではの深い信仰を感じることができそうだという思いから、岐阜県奥飛騨は新平湯温泉にある村上神社の「播隆祭《ばんりゅうさい》」に関心をもった。そもそも、この祭りの起源はなんなのか。蛇を振り回す舞いとはどのようなものなのか。そのような疑問や期待を胸に、二〇二一年五月十日、岐阜県のＪＲ高山駅からバスで約一時間の場所にある奥飛騨へと向かった。バスは青々とした新緑に彩られた山々を縫うように走り、神社の近くの停留所に辿り着いた。バスを降りると澄んだ空気が広がっていて、橋を渡ると雄大な渓谷が広がっていた。

春の訪れを祝い、北アルプスの登山シーズンを前におこなわれるのが、播隆祭と呼ばれる山開きの祭りだ。この祭りでは、江戸時代後期に浄土宗の僧だった播隆上人が笠ヶ岳や槍ヶ岳に仏像を安置して開山した偉業をたたえ、登山者の安全祈願や自然の恵みへの感謝が込められている。毎年五月十日に新平湯温泉の村上神社で、例大祭とあわせておこなわれる。神事ののちに、雄鶏の羽根（シャガマ）を頭に付けて踊る「鶏芸」や、蛇が登場する演目がある獅子舞「へんべとり」などが演じられる。午前十時に開始され、宮司入場に始まり、播隆塔の御開帳、玉串奉奠《たまぐしほうてん》と進んでいく。播隆塔だけでなく、その後ろにそびえ立つ山々にも敬意を払い、玉串を左右に揺らしているのが印象的だった。

蛇と向かい合う獅子

雄鶏の羽根を頭に付けて踊る鶏芸

蛇を振り回す獅子

神事のあとには福地若連中による鶏芸が奉納された。笛や太鼓の音に合わせて、雄鶏の羽根を頭にかぶった青年が、龍や孔雀の羽模様の衣装を着て、鉦を叩き棒を振りながら舞う。円を描きながら舞い始め、徐々に激しく勇壮な動きへと変化していく、迫力ある舞いだった。舞いの演目が多く、大将の指揮のもと十二種類を舞っていく。次から次へと繰り出される舞いの多さに圧倒されながらも、どこか古代の狩猟を連想させる舞いだと感じた。

鶏芸のあとにおこなわれたのが「へんべとり」。「へんべ」とは村人の生活に害を与える蛇のことだ。この蛇に対して獅子が音楽や踊りを教えることで、平和と豊作を願うという内容だった。まず獅子が蛇と対峙して、様子をうかがいながら徐々に近づき、その蛇をくわえた。しかし、蛇もそう簡単に捕まらず、獅子の口から抜け出してしまう。それを繰り返すうちに、最終的に蛇は獅子の口に収まる。すると獅子は、くわえた蛇を激しく振り回し始める。これは単純な蛇退治の行為ではなく、獅子が蛇に音楽や踊りを教えるという意味がある。話で聞いていた恐ろしい動きには、自然との共生の意味合いがあったのだ。そのあと小学生約十人による「栃っ子宝太鼓」の演奏がおこなわれ、午前十一時過ぎには祭りが終了した。

奥飛騨温泉郷観光協会に問い合わせて、事前にこれらの芸能の由来について調べてもらい、祭りの終了後に地域に伝わる文書を見せてもらった。そこには、この地の芸能の伝承者が村上天皇（在位九四六―九六七年）だったということが書かれていた。平将門の乱が九四〇年に平定されたあと、村上天皇は政治にはあまり関わらず、平穏な人生を送りながら文化面での貢献に注力した。村上天皇が福地（村上神社近くの温泉街）を訪れたときに、「鶏芸・へんべとり・ぼたん獅子」を伝えたようだ。福地にはその名残として「天皇泉」（福地温泉のこと）があり、また村上神社とは村上天皇をたたえて付けられた社名だったことにあとから気がついた。それにしても、この地の鶏芸や獅子舞の歴史は特筆すべきほど古い。都から遠い北アルプスの麓に、平安中期にはすでにこれらの芸能が伝わっていたとは驚きである。そびえ立つ北アルプスの山々の麓にたたずむ奥飛騨で、日本古来の伝統がいまも脈々と生き続けている。名古屋や東京からは一日がかりで移動しないと辿り着けない場所だが、そんな地域にこそ、日本人の生活を形成してきた原風景があり、後世に伝えていかなければならない文化があることを実感した。

7

獅子が女性に扮して芝居に登場「獅子芝居」（岐阜県羽島郡岐南町）

女性に扮した優雅な動きの獅子舞がある。獅子舞といえば力強く、荒々しく、たくましい印象をもつ人も多いだろう。しかし、「獅子芝居」という獅子舞の印象は全く違ったものだ。なぜこのような芸能が誕生したのだろうかと考えながら、二〇二二年九月十八日に岐阜県羽島郡岐南町で開催された「岐南地芝居公演」を取材した。

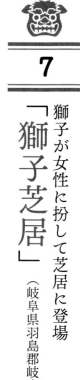

獅子芝居とは、神前で疫病退散の祓いのために舞う神楽獅子のあとに、獅子が女形になって演じるもので、演目が歌舞伎や人形浄瑠璃の外題（歌舞伎芝居の題名のこと）であることに特徴がある。この獅子芝居に使われる獅子頭の特徴は、耳が立っていて白髪がないことだ。獅子芝居には物語があり、その物語に登場するのは「獅子」ではなく、「人」である。より正確にいうならば、頭は獅子で体は人という、人に扮した獅子頭が人の役を演じるのだ。その見た目から、場面によっては緊張感や恐怖心を感じることもあれば、逆におかしみを感じさせることもある。獅子芝居は、さまざまな感情を呼び起こす。獅子芝居で獅子頭をかぶる人は男性であっても女性役を演じることが多く、それは男性が求めてやまない広くて深い愛を秘めた女性像とされる。

岐南町編『岐南町史 通史編』（岐南町、一九八四年）によれば、獅子芝居の始まりは寛政年間（一七八九―一八〇一年）に三河の岩蔵・岩治・作蔵の三人が原型を考え出したとされている。のちの天保年間（一

演目の最初におこなわれる神楽獅子

八三〇—四四年）に三河の寿作と尾張の龍介（市川竜介）が元祖の三人から習い、現在まで続く獅子芝居の形態を確立したとされる。今回見ることができた「伏屋の獅子芝居」は尾張の嫁獅子系といわれ、幕末に前述の尾張の龍介から伏屋の東五郎が習い伝えたものである。もともとは神前に奉納する神楽獅子から派生して五穀豊穣・村内安全を祈願するため氏神の白山神社に奉納されてきた獅子舞に芝居が統合されたものだ。伏屋の獅子芝居は一九八八年八月に、岐阜県の重要無形民俗文化財に指定されている。

農耕に明け暮れる農村部の人々にとって、獅子芝居は唯一の娯楽だったのだろう。戦乱の時代が終わり、江戸時代には平和な世の中が保たれていたため、こうした娯楽性が強い芸能が次々と生まれてきた。岐阜県は全国的にも有数の獅子芝居が盛んな県だ。もともと岐阜は東海と北陸、あるいは東日本と西日本の文化の結節点であり、人や物の交流が盛んで、都市文化の流入も早かった。江戸時代以降は歌舞伎などの芝居文化がもたらされ、

母娘の再会を果たすお弓とお鶴

お鶴に国に帰るよう諭すお弓

岐阜県の田舎《いなか》まで到達するのに時間はかからなかった。もとからあった神楽獅子に獅子芝居が加わって娯楽性が増していく流れを、男性が女形の獅子を演じる男女の逆転という創作性が後押ししたのだろう。出雲《いずも》阿国《おくに》という女性が荒くれ男のかぶき者に扮して「かぶき踊り」を創作して大人気になり、歌舞伎の先駆けになった一方で、獅子芝居には本来荒々しい獅子の姿を優雅なものへと変換させていく独創性が感じられる。

最後に、実際に見ることができた伏屋の獅子芝居の様子を紹介しよう。まずは神楽獅子がおこなわれ、手に幣や鈴を持ってさまざまな芸を披露し、観客を驚かせていく。それが終わると獅子芝居が始まり、「傾城阿波の鳴門《けいせいあわのなると》」という題目が上演された。獅子が演じるお弓は夫の悪事によってお尋ね者になってしまい、娘のお鶴を国に残し、隠れて暮らすことになる。ある日、お弓のところに巡礼姿のお鶴が現れ、「両親に会いたい一心から巡礼姿で諸国遍路の旅に出ていた」と、これまでの経緯を語る。母と娘は無事に再会するが、母は娘に罪が及ぶことを恐れ、自分の身元を名乗ることができない。そして、国に帰るようお鶴を諭すという悲しい物語だ。セリフが長いが、子役がそれを懸命に演じる姿が印象的だった。さらに、お弓の表情が見えないからこそ、声色の微細な変化が見る者の感情を揺さぶり、とてもすばらしかった。今回の物語では自分の身分を隠さざるをえないお弓が獅子頭をかぶってその悲しみを演じていたが、獅子頭をかぶるという行為が非常に効果的に取り入れられた演目だったといえるだろう。

獅子舞調査と継承活動を両立する「獅子ペディア」

――諏訪雄士さん（能登半島獅子舞研究者）

石川県能登半島には「獅子ペディア」と呼ばれる獅子舞博士がいる。諏訪雄士《すわたけし》さんだ。仕事のかたわら、小さいころからのライフワークである獅子舞研究に取り組んでいる。これまでに見た獅子舞は能登を中心として、石川・富山両県で約五百にのぼる。その成果として、羽咋市の歴史民俗資料館で、はくい獅子舞保存活性化実行委員会の仲間と毎年二月ごろに獅子舞の展示を実施しているほか、調査報告書の作成などもおこなっている。もともと諏訪さんとは「Facebook」でのつながりがあり、二〇二二年二月五日には「羽咋の越中獅子」と題しておこなわれた歴史民俗資料館での展示を見ることができた。能登獅子と越中獅子の比較という視点でおこなわれたこの展示では、獅子頭、天狗面、烏帽子などが出迎えてくれた。

最も興味深かったのは獅子舞の伝播経路の展示だ。諏訪さんによれば、獅子舞伝播を考えるうえで、まず石川県境にある富山県氷見市論田や熊無の地域に住む人の職業に注目する必要があったという。「まず、氷見から能登への獅子舞伝播の重要な地域になったのが、氷見市熊無や論田という場所です。かつては農閑期に「藤箕《ふじみ》」〔穀物やもみ殻などをふるい分けたり作物を運んだりする：引用者注〕という農機具を作る人々がいました。この人々は行商と材料調達のためにさまざまな場所に移動し、各地域の決められた常宿に泊まっていたようです。そのような交流のなかで獅子舞も伝わったと思われます。そのほかにも、お寺の門徒つながりで縁組みや結婚に発展したり、神社の宮司さんが複数の地域を兼任していたりなどのつながりによって、獅子舞が伝わった事例も多数あります。宗教的なつながりが、婚姻、親戚、移住などのつながりを生み、獅子舞を伝えたともいえます」。深い洞察とともに、獅子舞の伝承ルートについて、地図を見ながら説明してもらった。自分たちの故郷の獅子舞を次々と教えていくわけだから、その底流に活発な地域間の交流と仲間意識のようなものがあ

地下鉄の路線図のような獅子舞の伝播経路図と諏訪さん

ったのかもしれない。伝播経路図（写真）の赤線が論田の系統、青線が熊無の系統の経路のようだ。主要な伝承関係だけを記したそうだが、地下鉄の路線図のようにかなり細かい地図である。

ところで、諏訪さんは地元の能登半島の中能登町小竹の獅子舞の担い手でもあり、天狗面をかぶって舞うこともある。二〇二一年十月には、そこで獅子舞のお披露目と展示があるということで現地を訪れた。新型コロナウイルスの影響によって秋祭りの獅子舞が実施できないため、せめて展示会を開いて獅子舞文化を伝えていこうという意図だったようだ。それにしても、中能登町全体での獅子舞の継続率はとても高いそうで、現在でも獅子舞を継続している地域は約八〇パーセントに及ぶという。

諏訪さんに「担い手のモチベーションはどこにあるのですか？」と尋ねたところ、「みんな獅子舞に対して熱い思いをもっています」とのこと。諏訪さん自身も体力作りのため、四十歳を過ぎてからは獅子舞の祭りの前に一、二カ月はランニングをすることもあるという。緻密な調査研究をおこなう一方で、このように舞い手としても熱い思いをもっているのが「獅子ペディア」である。

第5章

獅子舞探訪記：近畿篇

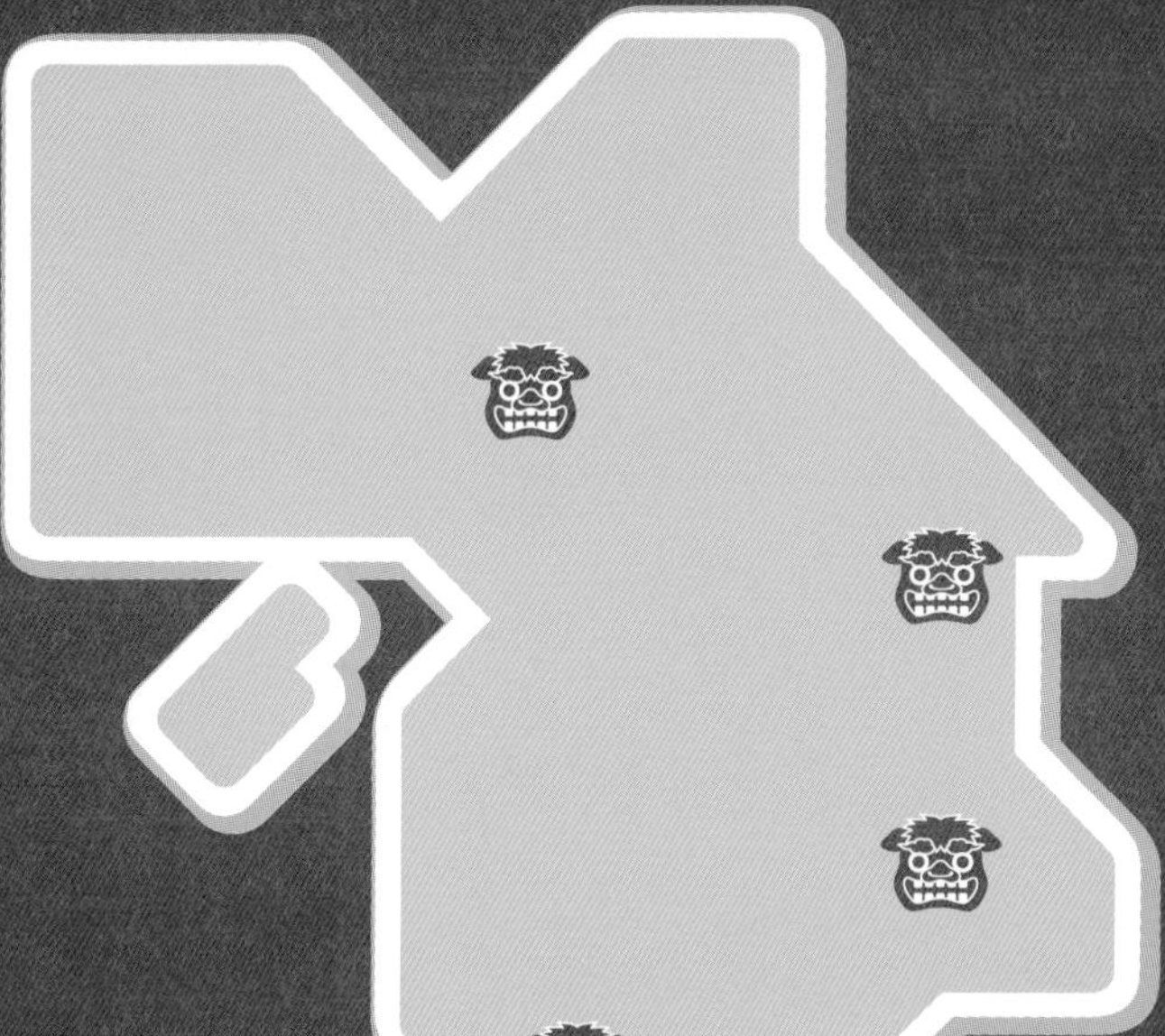

近畿地方では、江戸時代以降、獅子舞を全国に広めた三重県の伊勢大神楽の存在の大きさを感じる。そのルーツである御頭神事にはヤマタノオロチを模した舞いがある。古代日本の中心地である奈良県は、七世紀の推古天皇の時代に大陸系の獅子舞が伎楽の一部として伝来した地域とされ、大阪府の天王寺舞楽などの舞いに引き継がれた。京都府の六斎念仏など、歴史の重みを感じる重要な獅子舞も多い。また、兵庫県には毛獅子と呼ばれるフサフサの毛並みをもつ獅子がいる。

1

獅子舞を仕事にする旅人たち「伊勢大神楽」（三重県桑名市）

旅する獅子舞がいることをご存じだろうか。「伊勢大神楽」を演じる大神楽師たちは一年中旅をしながら舞い続け、それを職業とする。地域に根を張るのではなく、さまざまな場所を旅して舞い歩く。これが獅子舞の広範な伝播にもつながった。この獅子舞を研究することは、獅子舞研究者の自分にとって、新しい暮らし方への問い直しになるのではと思い、この奥深い芸能に興味をもった。

伊勢大神楽とは何かということから話そう。もともと、現在の三重県周辺には御頭神事《おかしらじんじ》という行事があり、神格化された獅子頭「オカシラサマ」が存在した。その一方で、伊勢地方にたまたま放下芸のチャリ師（道化のことで、べちゃくちゃと与太を飛ばして面白おかしく人々を笑わす役）がいて、偶然にもそれと獅子舞が結び付いた。ここから、神事としての神楽に余興の芸という性格が加わったアクロバティックな伊勢大神楽が誕生した。江戸時代、大神楽師たちは三重県にある伊勢神宮の信仰を広めていた。「お伊勢参り」の際に祈禱の案内をして参拝・宿泊などの世話をする「御師《おし》」とは異なり、営業上の代理権をもつ使用人（手代）になり、日本各地を回り始めたのが大神楽師たちである。彼らは旅をしながら各地域で伊勢大神楽をおこなってかまど祓いや悪魔祓いをするとともに、伊勢暦や神札を渡して歩いた。伊勢大神楽は、伊勢神宮から離れたところに住んでいて参拝できない人の代わりに神楽を奉納して厄を祓う「代神楽」としての性格があった。江戸時代にはこの大神楽師の組が二十組ほど存在していた時期もあった。明治期の規制などを乗り越え、現在は五組になったが、いまでもそれぞれの持ち場を回っている。

伊勢大神楽には「総舞」というものがある。八舞と八曲で合わせて十六演目をおこない、すべての厄を祓うという意味だ。三重県桑名市・増田神社の「総舞」は特に有名で、この日はすべての社中が増田神社に集まって盛大に総舞を奉納するため、全国から参拝者が集まる。十二月二十四日におこなわれるこの総舞は、新年初めの舞いという位置づけだ。新年の舞いを年末に奉納することを疑問に思うかもしれないが、これには相応の理由がある。もともと関東などの遠方まで徒歩で向かうこともあった伊勢大神楽は、目的地に元日に辿り着くために、十二月二十四日に出発しなければならなかったからだ。この総舞では、終わる一年に対す

傘がブワッと開いたり、肩車をしたりと見どころ満載の魁曲

伊勢大神楽の獅子頭は権九郎型、白い紙垂が頭頂部を覆う

る感謝と、獅子舞を待ってくれている人々の安全など、さまざまな事柄を祈願するようだ。

二〇二二年十二月二十四日、伊勢大神楽講社の拠点になっている増田神社を訪れ、総舞を見た。増田神社は桑名駅から徒歩で二十分のところにある。社務所では獅子舞をデザインした手ぬぐいが販売されていて、購入する人の列ができていた。演舞開始の三十分前に境内に着くと、もうすでに大勢の人が集まっていた。少し雨が降ってきたので、室内での演舞に変更になり、コロナ禍での開催という事情もあって十六演目のうち九演目だけの短縮版だったが、それでも見応えがある内容だった。披露されたのは四方の舞、綾採の曲、水の曲（皿の曲含む）、献燈の曲、神来舞、玉獅子、剣《つるぎ》三番叟《さんばそう》、魁曲《らんぎょく》である。とりわけ最後の魁曲はまさに圧巻。「花魁道中の曲」を縮めて魁曲と名付けられたもので、次々に場面が展開される早業とアクロバティックな動きが魅力だ。傘がブワッと開いたり、肩車をしたりと目まぐるしく変わるその展開に驚きながらも、華やかさに酔いしれるよう

獅子舞のハンカチや手ぬぐい

な思いで眺めていた。

終了後、伊勢大神楽の山本勘太夫さんに話を聞くことができた。演舞のなかで若い人の姿もありそれが気になったので「若手の勧誘はどうされていますか？」と尋ねると、印象深い答えが返ってきた。「もともとパイプがあるわけではないので、門を開けて待っているだけです。さまざまな大学で就職案内も出していて、高学歴の方がきてくれることも多いです。普通の仕事でない何かを目指している人にとって、神楽が格好いいと思われるみたいですね。学者志望の方が多いんですよ、民俗学とか宗教学とか。お金や権力に興味がなくて、学問を突き詰めてきた結果、知識だけで生きていくことが無意味であることに気づくんです。教養は世の中のために使ってこそ生きるものなので、教養を変換できる何かを探しているんですよ。喋るのは学者でもできるけど、芸に変換するのは神楽師しかできません」とのこと。

伊勢大神楽の大神楽師になるということは、暮らしをかけてのめり込むということでもある。朝から十二時間町回りをして帰ってきてから、明るいうちに少しでも稽古をして、終わったら明日配る御札を準備する。夜寝るのは二十四時くらい。朝は先輩の洗濯物を干して……とまさに一日中、「大神楽師」として生きている。「例えばタイムカードを押しているときだけ大神楽師という感覚をもっている人はすぐにやめてしまいますが、こういう暮らしをしたかったという人は残ります」。歴史を振り返ると、空海、円空、空也などが実践してきた遊行僧の暮らしに重なる部分があるかもしれない。信仰を広めるとともに旅をする暮らしは、すべてが修行のように身が引き締まるあり方にも思える。諸国を巡り技を磨き続ける大神楽師の生き方そのものにも着目することが、伊勢大神楽という奥深い芸能を理解するための第一歩になるだろう。

2

獅子舞の原型は農具だった「箕獅子」（三重県伊勢市）

穀物に混ざる殻や塵などの不要なものをふるい分ける「箕《み》」という農具がある。「箕の作り手が獅子舞文化の伝播者だった」、あるいは「箕を使って獅子頭を作った」という話は日本全国にみられる。しかし、箕を使って作られた獅子頭が残っている地域はほとんどない。これはなぜだろうか。昔は獅子頭を毎年作り替える場合もあったようだが、「箕を使って獅子頭を作った」のは、頻繁に作り直す必要があったからだろうか。

ここで唐突ではあるが、日本の獅子舞は農民の素朴な芸術から起こったのではないかという仮説を立ててみよう。伊勢で箕といえば、お田植え祭などの神事（現地読みは「じんじ」）でも使われる重要な神器だ。それにしてもなぜこの箕が獅子舞文化の古層に存在するのだろうか。謎は尽きないものの、何か手がかりがつかめればうれしい。そんな思いを実現してくれるかもしれない獅子舞がある。三重県の伊勢市文化政策課から紹介された「箕獅子《みじし》」だ。さっそく二〇二四年一月十四日に伊勢の箕獅子を取材した。

伊勢市のJR二見浦駅から徒歩三十分。海へと続く広大で穏やかな風景を眺めながら、朝九時ごろに伊勢市二見町西コミュニティーセンターに到着。歓迎を受けて館内に入ると、地域の人々が何やら準備を進めていて、しばらくその準備風景を見守る。コミュニティーセンターには、「箕獅子の間」と「花房の間」という部屋があり、獅子がどれだけ愛されてきたかを実感した。しかし、残念ながら十年以上も箕獅

西区コミュニティーセンターに飾られた箕獅子にお供え物をする。能面がどう使われたのかは不明。右側には獅子頭のおひねりをもらうときに使われた箕が置かれている

子を舞っていないらしい。獅子を展示することと、かぶって歩くこと。いまは、それだけが淡々と継承されている。

準備が完了すると関係者が集まり、九時半ごろに初会が始まった。皇居、伊勢神宮、箕獅子の三方向に祈りを捧げたのち、獅子を持ってコミュニティーセンターを出発し、松蔭神社と花房志摩守供養碑を回った。神社も供養碑も森のなかに隠されたようにひっそりと立っているのが印象的だった。周りの人に「舞ってみては？」と言われて、獅子をかぶる担い手が思いつきで手足を動かしてみるが、もちろん獅子の舞いではない。再び箕獅子はコミュニティーセンターに入り、そこに飾られ、十時半には終了した。昔は夕方以降に暗くなってから舞っていたそうだが、いまでは行事自体が午前中で終了する。

箕獅子の作りに注目してみよう。ものすごい創造力のもと、試行錯誤して作られた

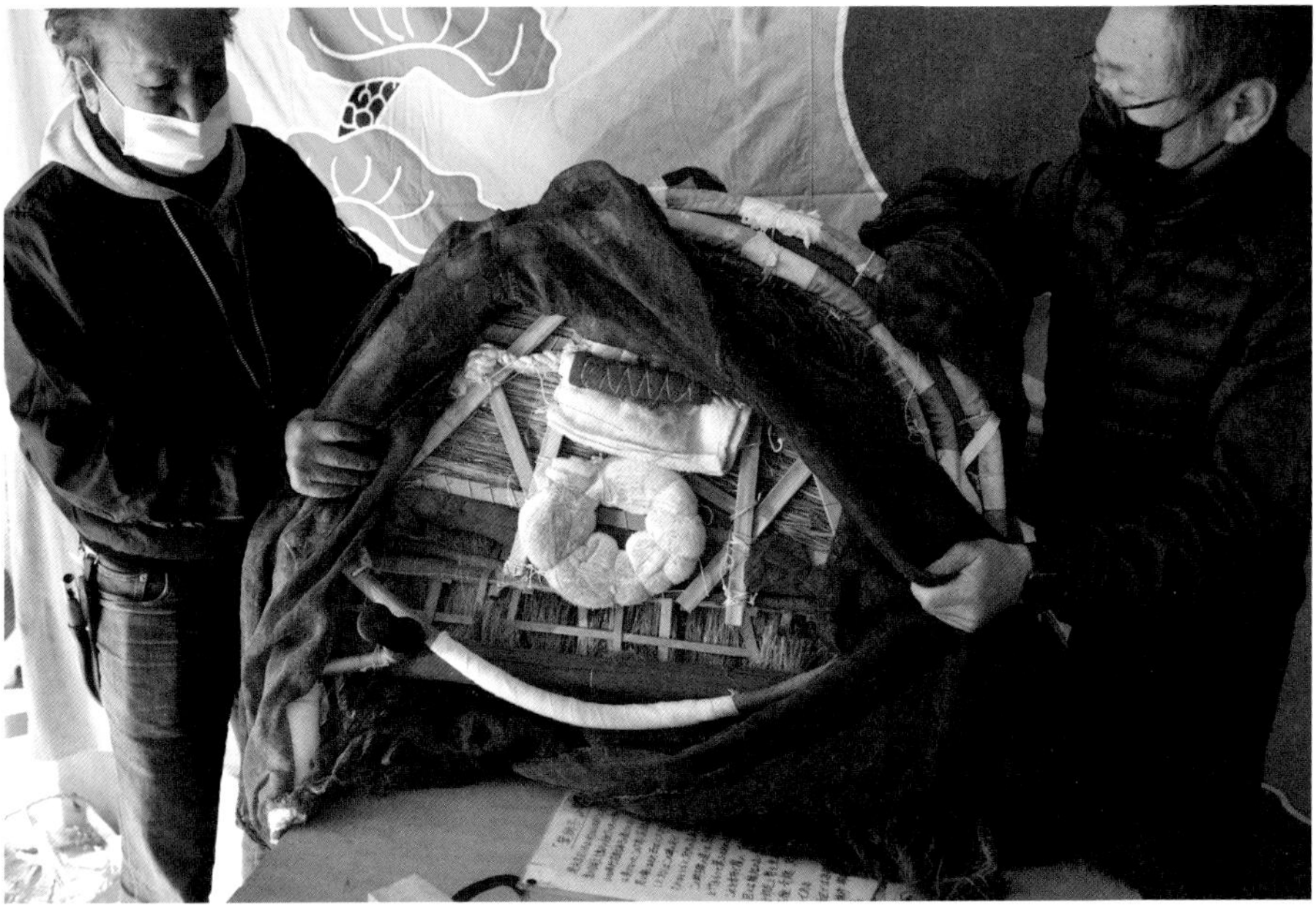

箕獅子の内部構造。左下には黒い右手用のハンドルが見える

箕獅子をかぶってコミュニティーセンターの外に出る

のだろう。箕獅子の頭は農機具の箕、耳と舌はしゃもじ、鼻はヒョウタン、その鼻の頂点には梅の木、頭の内部構造にはシュロ、眼には橙《だいだい》が使われている。橙はコミュニティーセンターと向かい合う敷地に生えている木の実を使うと決められている。材料はすべて地元産だ。現在は橙と梅の木は毎年取り替えていて、それ以外は使い続けているという。下顎には右手側にハンドルがついていて、それを握って開閉する。これは右利きの人が多いためだろうか。胴体は緑色の蚊帳（胴幕）で、尻尾付近にしめ縄が垂れ下がるような絵が白色で描かれている。獅子頭とともに小さな能面が保管されていたが、これは何に使われたものかよくわからない。農機具の箕が獅子頭の横に置かれていたが、これはおひねりをもらうために使ったことがあるという。手に入りやすい身近な材料を使って、本当によく考えて作られている。獅子頭を見るだけでも感動ものだ。

さて、獅子頭を眺めていると、舞いのほうも気になってくる。『二見町史』（二見町役場、一九八八年）によれば、初穂の舞、見直しの舞、遺徳感謝の舞、笹喰いの舞、中の舞、友喰いの舞、高砂・相生の舞、銭くくみの舞、竹折りの舞、獅仕舞の十種の舞いがおこなわれたという。その舞いが始まる前に、若衆が「ヨォーイ、ヨォーイ」と連呼する。獅子が舞い始めると、「シッカリ舞ワンセ」を連呼したり、舞いの最後に「ヨロメヤ、ヨロメヤ」と言ったらしい。いずれも聞き慣れない演目が多く、これらは地元民によって作られてきたものの集積だろう。友喰いの舞は獅子が仲間を食べてしまうのかと思いきや、自分の尻尾を食べようとしてクルクル舞う所作だという。

歴史的にみると、伊勢市一帯の獅子はすべて箕で作られていたそうだ。伊勢市といえば、その獅子舞の多くが前述した「御頭神事」という形態である。正月十五日、あるいは二月十一日ごろに神様の仮の姿である御頭で舞い、悪霊祓いをおこなう。この御頭神事は伊勢大神楽の源流ともいわれている。しかし、舞い方などを比較すると、箕獅子は御頭神事とは異なる。箕獅子の始まりは江戸時代初期に二見が神領（税免除などが受けられる神社の領地）に復帰することに尽力した第七代山田奉行・花房志摩守《はなぶさしまのかみ》をしのぶための舞いで、二見地域に貢献した人物に捧げたものだったのだ。つまり箕獅子を作る文化は広範囲に存在していたが、地域の独自性を大事にして、守り継がれてきたのが二見の箕獅子というわけだ。

僕はこれまで日本全国の獅子舞を取材するなかで、箕にまつわる獅子舞が非常に多いことを知った。富山県氷見市熊無の獅子舞は箕の職人が伝えた獅子舞であり、石川県加賀市の関栄親子獅子には「竹で編んだザル二個を上下に組み合わせた」という獅子頭制作譚が伝わる。北海道の「浦幌開拓獅子舞」（獅子頭初期作）、新潟県の「たかみ獅子」、岐阜県の「どうじゃこう」なども箕獅子の類似例といえる。農機具の箕は形状が口のようだし不純物を取り除くという役割からしても、厄を祓う獅子舞と結び付くのは自然な流れだったのだろう。箕があったから獅子頭ができたのか、それとも獅子頭に適した素材を探したら箕があったのか。想像の域を出ないが、農民にとって身近な箕が獅子舞につながり、それが日本の各地に根を張っていることは間違いない。その思いを少し確信に近づけてくれるのが伊勢の箕獅子である。

3

蜘蛛の巣を浴びるも打ち勝つ
「六斎念仏の獅子舞」
（京都府京都市）

もともと京都盆地は人が集住する場所ではなかった。平安京が作られるまでは沼や水田が広がる低湿地帯であり、人間が住んでいたのはその周縁部の山裾に限られていたはずだ。その低湿地帯の中央部にいきなり平安京が作られ、人が集住することでさまざまな都市問題が発生した。夏の暑い時期には食中毒、赤痢、疫痢、腸チフスなどの伝染病が頻発した。当時は排水がおこなわれず、井戸で飲み水を共有していたり、糞尿や生ゴミの処理が不十分だったりしたことが伝染病の広がりに拍車をかけた。加えて、台風や洪水などの水害が発生して、伝染病が深刻化した。これらの原因を当時の人々は怨念と考えた。失意の念やこの世への恨みを抱いたまま死ぬと、その霊魂が怨念になって不特定多数の人々に災厄をもたらすという考え方である。それが政治的な有力者の怨念であれば、災厄はより大きなものになる。災厄を免れるには、恨みを抱く霊魂を祀り、怨念を鎮めることが必要だ。これがかの有名な「祇園祭」の始まりになった考え方である。こうして疫病退散を願う祇園御霊会・祇園会《ぎおんえ》が八六九年（貞観十一年）に始まった。

六斎念仏の始まりもそこから遠くない時代の出来事だ。六斎念仏は関西を中心に全国各地に存在する民間芸能の一つで、約千百年前、京洛に疫病が蔓延し多数の死者が出た際に、空也上人が托鉢用の鉢と瓢簞を打ち鳴らして、洛中の街角で「南無阿弥陀仏」を唱えて人々の不安を取り除いたことに始まる。江戸時代になると一部が大衆芸能化したこともあり、六斎念仏は宗教色を残した「念仏六斎」と芸能色を前面に

土蜘蛛が獅子に向けて糸をまき散らす、非常にダイナミックな場面

出した「芸能六斎」に分かれた。六斎念仏に獅子が登場したのも大衆芸能化によるものだ。一七八七年（天明七年）の『拾遺都名所図会』に町回りの六斎念仏の図があり、そこには二人立ちの獅子と、スリササラ（先を細かく割った竹で刻み目を入れた棒をこすって音を出す楽器）を演奏する道化役が描かれている。六斎念仏は当時、京都の庶民の娯楽だった壬生狂言などで演じられていた「土蜘蛛」に獅子舞を取り入れた点が新しかったといわれる。土蜘蛛は渡来人が原住民を制圧する話を芸能化したもので、獅子舞がこれに登場するようになったのは伊勢大神楽の流行以後のことだ。伊勢信仰の布教に訪れた伊勢大神楽の芸能集団は近世以降、京都の町や周辺の農村を巡回して、娯楽がない人々に人気を博したといわれている。

僕が六斎念仏の獅子を見たのは、二〇二三年七月二十四日に訪れた祇園祭だった。八坂神社の祇園祭に、久世六斎保存会による六斎念仏の獅子舞が登場。実際に見てみると、糸をブワッと浴びせかけるシーンなどがダイナミックで、全体を通して技の難易度が高く、アクロバティックな動きが心に強く残った。そして二三年十一月十九日に埼玉県白岡市の全日本獅子舞フェスティバル白岡で再び、六斎念仏を見る機会を得た。このときは中堂寺六斎会による六斎念仏だった。六斎念仏にはさまざまな演目があるが、今回は「獅子太鼓」と「獅子と土蜘蛛」の場面がメインで演じられた。寂しさを感じるお囃子、静と動が繰り返される演舞。常人では演じるのが難しいと思えるが、獅子の担い手はなんと高校生二人と大学生二人だという。若くして非常に難易度が高い技芸を身に付けていることに驚いた。とりわけ碁盤を六段積んだ上での獅子の

獅子はオレンジ色と緑色の2頭が登場する

見応えがある獅子の逆立ちシーン

逆立ちは圧巻で、宮大工の木工技術と担い手の演舞の技術がピタリと噛み合う瞬間だった。
その演舞後、中堂寺の六斎念仏の担い手に大変興味深い話を聞いた。「芸能六斎が伝わる地域はいずれも、都であって都でない地域です。旧小山郷の小山郷六斎、壬生村の壬生六斎、ほか中堂寺村、西院村、吉祥院村、嵯峨野と、ほぼすべて京都近郷村に継承されています。戦後、市街地の拡大で都と近郷の境目はわからなくなっていますが、近世以前は都の「縁」として存在していたはずです。そして各村は祇園祭の奉仕など都とのつながりがいくつかあり、このことは複数の種類の芸事が京都近郷村に伝わることと無関係ではないと思います。記録から江戸時代後期の時点で清水寺に奉納しにいっていたのは確実で、今後、芸能の消費地たる都市部と担い手としての辺縁部という切り口で全容がわかればいいなと思います」。獅子舞は地域の縁、すなわち村境に分布するというのは全国的に多く聞かれる話だ。伊勢のように信仰の中心地があり全国から人々が来訪する土地はその規模が大きくなり、とりわけ国境単位で獅子舞が大量発生してきたという話もある。そんなことを思い出しながら、六斎念仏の担い手の話を聞いていた。

現在、六斎念仏が登場する主な行事には、毎年八月十二日から十六日にかけておこなわれる盂蘭盆会《うらぼんえ》（お盆の正式名称）がある。祖先の霊の冥福を祈り精霊を送る行事であり、この行事中に全国各地で演じられる盆踊りなど計四十一の民俗芸能が「風流踊」として国指定重要無形民俗文化財に指定され、二〇二二年にはユネスコ無形文化遺産にも登録された。京都の六斎念仏もこの「風流踊」の一つである。京都の地形と脈々と続く人々の営みが芸能を生み、苦難を乗り越えてそこから解き放たれるように、すばらしい芸能を育み続けている。

4

オニワニが獅子を退治する 「顯國神社の三面獅子」（和歌山県有田郡湯浅町）

「三面獅子」という珍しい獅子舞がある。オニ、ワニ、獅子という三つの面をかぶった舞い手が登場し、オニ、ワニが神の使いとして魔物である獅子を退治する。この貴重な獅子舞をぜひ見たいと思い、二〇二四年二月に和歌山県を訪れた。十八日に第十七回和歌山県民俗芸能祭が開催され、翌十九日に衣装や道具の片付けがおこなわれる。この両日にわたって、顯國《けんこく》神社の三面獅子を取材した。田辺市にある民俗芸能祭の会場を訪れると、地元の方々がずらりとパイプ椅子に座って開始を待っている。高齢の方の携帯電話が突然鳴りだし、その着信音が「うさぎ追いし……」でおなじみの童謡「故郷《ふるさと》」で、思わず懐かしい気持ちになる。地域の人々の穏やかな雰囲気が感じられた。

民俗芸能祭では市内外の四団体の演舞がおこなわれた。三面獅子の出番は三番目。太鼓の音がドン！と鳴り、会場が一気に厳粛な空気に包まれる。構成はオニ一人、ワニ一人、獅子二人、太鼓一人、世話人数人だ。一般的に獅子舞は太鼓二人以上でしかも笛がつくことも多いので、お囃子が太鼓一人というのは非常にシンプルである。その分、獅子頭には数多くの鈴が取り付けられ、鈴の音と合わさって歯打ちの音が際立つ。重く響く太鼓と、オニ・ワニが右手に持つ紙垂《しで》のバサッという動きが重なって重厚感を醸し出す。途中獅子が突然暴れだし、そのあとにオニの鉾によって上に向かって突き上げられ、動けなくなる様子は迫力満点だ。どの方向から見ても面白い演舞なので、ステージと客席という位置関係よりも、祭りのとき

第17回和歌山県民俗芸能祭で演舞をおこなった顯國神社の三面獅子

に三面獅子を取り囲むようにして接近して見るのもよさそうだ。

演舞後、翌日十一時から衣装や道具の片付けがあるということで、湯浅町の顯國神社にある保存会の倉庫を訪れた。そこで三面獅子保存会の会長・北山心人《しんと》さんをはじめ三人の保存会メンバーに話を聞くことができた。平均二十五、六歳の若い担い手が継承しているという。現在、保存会の最年少は二十四歳だが、手伝いを含めると十九歳から担い手として関わっている人がいる。獅子舞の担い手になったきっかけを聞いてみると「僕らの世代はただただ仲良かったから、一回練習来たらもう抜けれんやんみたいになったんです。こんなん（獅子舞）やる子ってやんちゃしてて、時間もあるような子たちで。そういう子って上と下とつながりもあるんですよね」。なるほど、獅子舞が居場所になっているというわけだ。また既婚者にとっては、獅子舞の練習をするために家を空けることは、ちょっとした息抜きになるという事情もあるようだ。参加の動機はさまざまである。

和歌山県民俗芸能祭の翌日に、衣装や道具の片付けを取材

もちろん演舞には厳しさもある。祭りの一カ月前になると、毎日夜に三時間の練習。初心者は舞いの動きをひたすら体に叩き込む。「獅子舞は幕を合わせると重さが二十キロにもなります。それからオニ・ワニの面は紐で縛るんで顔に食い込んできて、踊っているときに酸欠状態にもなるんです。とにかくやり遂げる気持ちが大事ですね」と北山さん。厳しい練習を乗り越えて、祭りの本番を経験すると獅子舞が「楽しい」に転換するという。「祭りのあとの飲み会は楽しいですし、祭りのメインだから注目されるじゃないですか」。近年は大みそかの夜に初詣客を面をかぶって出迎えるなど、活動を認知してもらう機会を積極的に増やしているそうだ。

ところで、この三面獅子の始まりは定かでないものの、江戸時代以降の記録がいくつか残っている。樫の木で作られた獅子頭には、「享保十一年」(一七二六年)の銘がある。また一八五一年(嘉永四年)の『紀伊国名所図会』の「湯浅祭礼神輿渡御の図」などに三面獅子が登場した記録がある。オニ、ワニ、獅子という形態は、南隣の広川町に伝わる「広八幡

紀伊風土記の丘でおこなわれた企画展「紀州の獅子と獅子頭」で展示された19世紀制作のオニ面（左）、ワニ面（右）（2021年4月25日撮影）

の田楽」（国選択無形民俗文化財）など、周辺地域でもみられる。江戸時代以前の記録はないが、中世に祭りの先導役と厄祓いを主として担った「行道獅子」に似たような形態をもつ獅子舞だ。またオニは天狗あるいは伎楽の鼻高面、ワニは伎楽の崑崙《こんろん》にも似ているように思えるが、関連性を示す資料は見当たらない。また「獅子退治」の形式をもつ獅子舞としては、北陸方面にみられる加賀獅子や金蔵獅子の「獅子殺し」などがある。

　近年の動きとしては、一九七八年に顯國神社三面保存会が発足し、二〇〇九年には和歌山県無形民俗文化財に指定された。七月十七日・十八日の夏祭り（若宮祭）と、十月十七日・十八日の秋祭り（例祭）では、神輿を先導して渡御の道行きを祓い清め、顯國神社に演舞を奉納し、地域の民家を一軒一軒回る「ドサ回り」もおこなう。いまでも地域を牽引するすばらしい民俗芸能として、貴重で珍しい獅子舞が若い力によって受け継がれている。

第6章

獅子舞探訪記：四国・中国篇

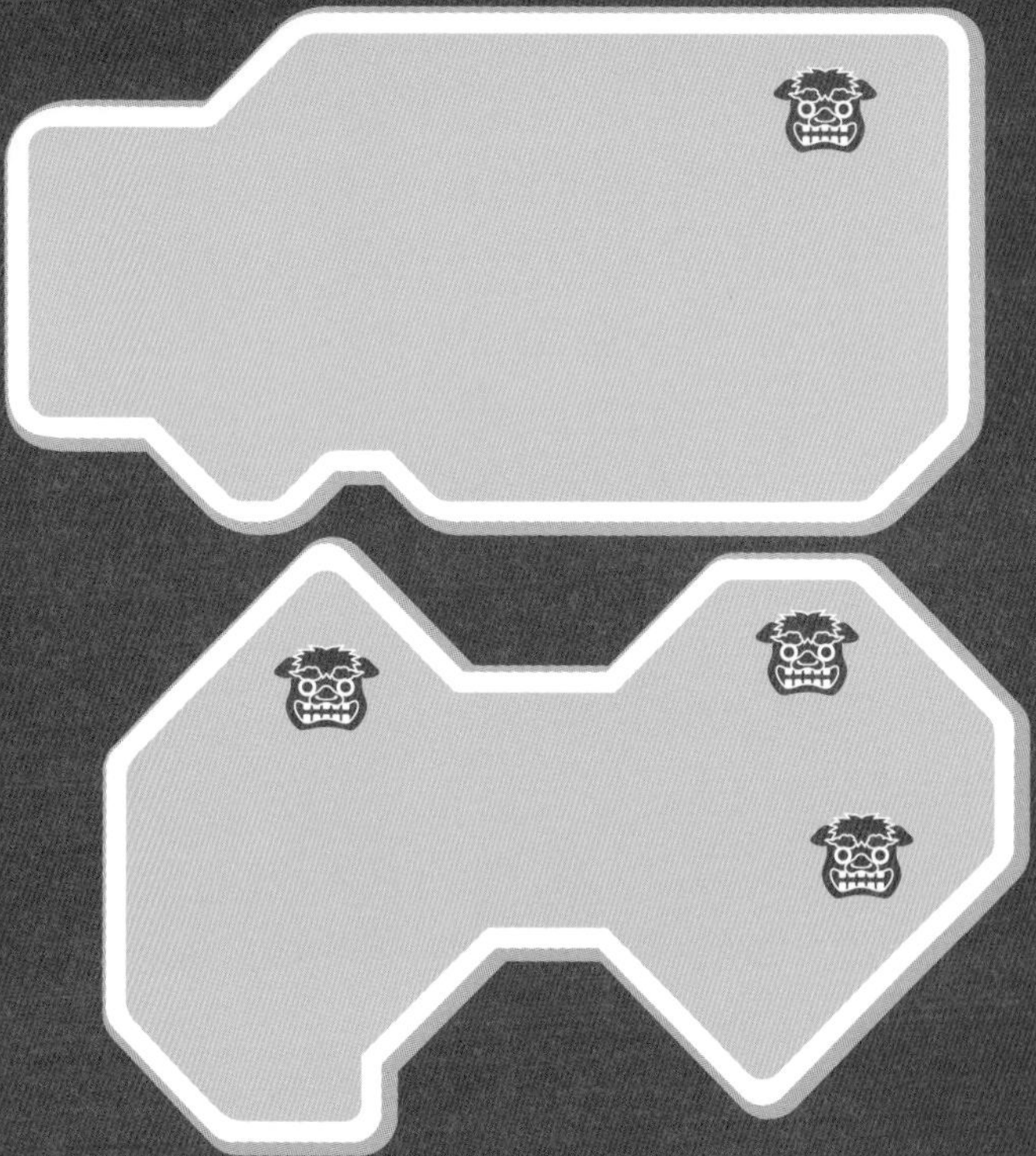

四国地方では、香川県が日本全国のなかで獅子舞が最も盛んな県の一つであり、猫獅子などの形態が見られ、三木町のように巨大獅子をもつ地域もある。また愛媛県には肩の上に人が立つアクロバティックな継ぎ獅子の形態が伝承されている。中国地方では鳥取県と兵庫県の一部にまたがる麒麟獅子舞も特徴があり、麒麟の頭を持ってゆっくりと舞う。その周辺の地域にも神楽の形態をもつ、個性的な獅子舞が広がっている。

1

かわいくもにらみを利かせる「猫獅子」（香川県高松市ほか）

香川県の獅子舞には「香川ならでは」がたくさんある。その一つが楽器の多さだ。日本全国を見渡すと、獅子舞の楽器は太鼓と笛が一つずつという地域もあるが、香川の獅子舞にはさまざまな種類の太鼓や鉦が登場し、とてもにぎやかだ。舞い方も実にさまざまで、地域によっては二十以上の演目がある。

香川県の獅子舞は、獅子頭の作り方が大きく二種類に分けられる。一つは型にペタペタと紙を貼り付ける張り子か、または木彫りで頭の土台を作り漆や金箔を使ってピカピカに装飾をする「塗り獅子」。もう一つは張り子で作った土台の上に獣のようなモフモフの毛を植え込む「毛獅子」だ。香川県西部をはじめとする地域では、毛獅子が猫に似ていることから「猫獅子」と呼ぶようになった。猫獅子は大部分が紙でできているため軽快な動きが可能になり、耳や目を動かすこともできる。

また、獅子の胴幕は油単と呼ばれ、毛の模様や武者の絵などさまざまな柄が描かれる。昔はたんすにかける油単をそのまま獅子の胴幕として使用していたともいわれる。油単作りは染物屋に依頼することが多く、安くても九十万円くらいかかり、獅子頭よりも値段が高いことも多い。他県の獅子の胴幕は綿布で作られることが多いが、香川県では高価な絹布を使うことが多く、細かい柄が施されているのが特徴だ。名部戸獅子保存会（三豊市）の油単は非常にきめ細かく、美しいことで知られる。獅子頭は紙製、胴幕（油単）は絹製というのがものづくりの観点からみて面白い。

総社獅子保存会（坂出市林田町）

このような特徴をもつ香川県の獅子舞だが、最も古い記録は、小豆島の富丘八幡神社の古文書に、一三七五年（永和元年）の放生会《ほうじょうえ》に使われた獅子頭が損壊したので彩色したと書かれたものである。中国の獅子舞の影響を色濃く受けているようだが、その詳細は定かではない。

さて、二〇二二年十一月六日に香川県の獅子舞が一堂に会するイベントを取材するため、現地に入った。その名も「獅子舞王国さぬき」。〇八年から毎年おこなわれている獅子舞イベントで、香川県内各地から「獅子組」と呼ばれる獅子舞団体が集い、技を披露しあう。今回は県内の二十三団体が高松市の栗林《りつりん》公園に集い、十時から十六時まで演舞を披露した。僕は開演ギリギリに栗林公園に辿り着いた。美しい庭園が広がり、朝の散歩者もいるなかで、太鼓や鉦の音が「ドンドンドン」と鳴り響いている。「ああ、始まったんだ！」と思い、急ぎ足で会場に向かう。総社獅子保存会（坂出市林田町）の獅子頭は黒い髪の毛に覆われていて、油単は色鮮やかだ。「獅子に牡丹」の言葉のとおり、牡丹の花が描かれている。総社獅子舞は鳴り物が多いのが特徴で、太鼓二つに鉦が五つも登場していた。また、半田獅子保存会（高松市飯

綾南の親子獅子舞（綾歌郡綾川町）

田町）の演舞はグルグルと激しく回転する動作が印象的で、それを見ていた子どもがおもちゃの獅子頭を持ってまねをする姿も見られた。綾南の親子獅子舞（綾歌郡綾川町）は全国的にも珍しい親子の獅子舞で、親が子どもを撫で子どもが親を慕う様子に思わず心を打たれる。感情がこもった丁寧な演舞がすばらしかった。このように獅子舞王国さぬきでは、各団体が個性あふれる獅子舞の演舞をおこなっていた。

今回、獅子舞王国さぬきの主催者である中組獅子保存会（さぬき市造田）の十川《そごう》みつるさんに、取り組みに関する詳しい話を聞くことができた。「次世代への継承という観点から、このイベントはどのような役割を果たしているのでしょうか？」と尋ねると、「このイベントはまず、若手が活躍する場です。若い担い手のテンションが上がる場を作りたいです。また、獅子組同士の交流を深める場所でもあります。過去の参加団体が出てくれることが多く、多いときだと六十五組参加してくれた年もありました」。あらためて、もの

中組獅子保存会（さぬき市造田）

すごい規模である。競い合うことで技を高め合い、「獅子舞王国」と呼ぶにふさわしい地域になっていったのだ。この話を聞いて、前述の富山県の新湊の獅子舞にも通じる、「いいものを広め競い合うことを大事にする」土地柄が感じられた。

2

獅子舞カップルの嫉妬劇！ 人形浄瑠璃の獅子舞
「徳米座」

（徳島県徳島市）

幕の向こう側にひょこっと現れるのは、小さな人形たち。人間同様に喜怒哀楽を表現する人形たちが繰り広げる、笑いあり涙ありの演目を見ていると、本当に魂が宿っているかのように感じる。二〇二一年十月十七日、石川県白山市の松任ふるさと館で開催された人形浄瑠璃のイベント「尾口のでくまわしと徳米座」で、一九年九月に結成された伝統人形芝居の一座・徳米座の代表であるマーティン・ホルマンさんのトークショーがおこなわれ、人形浄瑠璃が上演された。国際的な視点に加えて、石川県と徳島県という国内団体同士の交流、江戸時代と現代との演目の比較など、さまざまな視点で楽しめる人形浄瑠璃のイベントだ。獅子舞研究の観点でいえば、徳島県の徳米座の夫婦獅子が印象的だった。

このイベントはまず、人形浄瑠璃の研究家であるホルマンさんのトークから始まった。ホルマンさんは、白山市の姉妹都市であるアメリカ・コロンビア市内のミズーリ州立大学の元教授で、現在は徳島市に移住して人形浄瑠璃研究家として活動するかたわら、関西学院大学の講師を務めている。近松門左衛門が脚本を描いた『曾根崎心中』（一七〇三年）の繊細な動きに感動して、日本の人形浄瑠璃に興味をもったという。徳米座のメンバーには海外出身の人もいて、国際色豊かだ。日本語・英語を使い分け、公演やワークショップを実施している。ホルマンさんのトークのあと、かなりコミカルにアレンジされた「夫婦獅子舞」「戎舞」という二演目が披露された。初めての人形浄瑠璃だったので理解できるか不安もあったが、どち

徳米座の演目「夫婦獅子」に登場する獅子舞

らもストーリーがわかりやすいので親しみを感じた。

人形浄瑠璃の特徴について、ホルマンさんは「人の感情を布でできた人形に託すことにある」と語る。つまり、俳優のように自分の身体を使って役柄を演じるのではなく、人形遣いが人形に感情を託すことによって、人形浄瑠璃は成立するのだ。演じるのが人形であっても、見る人はその演技に感動できるという話もあり、とても興味深い。

ここで、人形浄瑠璃の獅子舞について考えてみよう。多くの獅子舞は「人が獅子を動かす」ことでおこなわれるが、人形浄瑠璃の演目として獅子が登場する場合は「人が人形とその人形が操る獅子の両方を操る」ことで演じられる。つまり、普通の獅子舞とは違って、人形を介することで表現の二重構造が生まれているのだ。

続いて「夫婦獅子舞」の演目について詳しくみていこう。この演目では、雄獅子がおかめと雌獅子を間違ったために雌獅子を怒らせ、それを許してもらおうとする様子がコミカルに演じられる。

人が人形とその人形が操る獅子の両方を操る

蝶々を追いかける雄獅子

この演目には、新型コロナウイルスによる苦境を一緒に乗り越え、みんなで笑い合おうという意味も込められている。登場した獅子がおかめに渡された風船ガムを噛んで、プクーッと膨らませる。ここから会場内には笑いがあふれ、和やかな雰囲気に包まれていった。ヒラヒラと舞っている蝶を獅子が追いかける場面もあった。観客を厄祓いするため、獅子がお客さんの頭を噛んでいたのだが、途中でこれに気づいた劇団員があわてて獅子にマスクを着けさせるという演技もあり、会場を笑いの渦に巻き込んでいく。新型コロナウイルスの流行という社会情勢を演目にもうまく取り入れている。おかめが持つ花の香りに誘われる雄獅子もなかなかにかわいらしかった。雌獅子が登場しておかめが持っていた花を口にくわえる場面は、嫉妬を表現しているのかもしれない。やがて、雄獅子と雌獅子は持ってきた花飾りやサングラスをお互いの首に掛け合う。最終的には、雄獅子と雌獅子の間に、胴幕を身に着けていない小さな子獅子が登場！「夫婦獅子」の演目はここで終了となった。

今回のイベント「尾口のでくまわしと徳米座」は午前十時に始まり、昼ごろには終了した。約二時間と短い時間ではあったが、人形浄瑠璃を初めて見た僕にとって、新鮮で濃密な時間を過ごすことができた。現代人でもわかりやすいように、獅子舞にユーモアを加えながらアレンジして伝えていくことで、人形浄瑠璃に関心をもつ人を増やすことができるかもしれない。そう考えると、ホルマンさんのように、海外からの視点で人形浄瑠璃のすばらしさに気づかせてくれる方は貴重な存在である。「伝統芸能を次の世代に受け継ぐには？」という問いについて考えるのに、必要な要素がぎゅっと詰まっていたイベントだった。そして、獅子舞には人形を介しても感動できる演舞を作り上げられる可能性があると知ることができたのは大きな成果だった。

3

まるで組み体操のように高く伸びる「継ぎ獅子」（愛媛県今治市）

二継ぎ、三継ぎ、四継ぎ……。獅子はどんどん高くなる。いちばん下に立つ人の肩の上に人が乗り、そのまた上に人が乗る。頂点に立つのは子どもだが、不安な表情など見せずに堂々としている。全国的にも非常に珍しいこの獅子舞は、愛媛県今治市とその周辺で継承されていて「継ぎ獅子」という名前で親しまれている。なぜ継ぎ獅子はどんどん背が高くなるのだろうか。

まず基礎知識として、継ぎ獅子について簡単にふれておきたい。継ぎ獅子は愛媛県今治市や越智郡などで盛んに演じられてきた曲芸的な立ち芸のことだ。よく見かける獅子舞の演舞だと思って見ていると、突如組み体操をするかのように、肩の上に次々と人を乗せていく。頂点に登る子どもを獅子児《しこ》といい、扇や鈴を持ちながら舞う。非常にアクロバティックで、観客を魅了する獅子舞である。

二〇二二年八月七日、今治市内でおこなわれた市民の祭り「おんまく」で継ぎ獅子を見た。鳥生《とりゅう》獅子舞の演舞では、獅子頭をかぶり胴幕をまとう形態から始まる。胴体の部分がとてもカラフルだ。獅子が口を開けると、赤い舌のようなものが出てくるのがかわいらしい。舞い方は上下の動きがかなり激しく、獅子頭に取り付けられた銀色の鈴がシャンシャンと鳴る。やがて獅子舞の動きが止まり、担い手たちは獅子頭と胴幕を脱ぐ。そこで始まるのが三継ぎの獅子だ。まずは一人の肩の上にもう一人が立ち上がる二継ぎ獅子を四組作る。そのうち二組は子どもが乗っている。続いて大人の二継ぎの上段の人が、自分の肩に子ど

阿方獅子舞の二頭舞い。こちらは三継ぎ獅子が始まる前の演舞

もを乗せ、一段目の人の肩の上に立ち上がる。こうして三継ぎ獅子が二組完成する。頂点の獅子児は、単に肩車をしてもらうだけでなくさまざまな芸を披露する。肩の上に立ち上がったり、下の大人が子どもの膝を支えながら上に突き上げるという高度な技も見られた。子どもをグッと支える力強い腕がとても印象的だった。このように獅子舞から継ぎ獅子までの一連の流れが繰り返される。ときには獅子舞の胴幕の上に子どもが扮する三番叟（能や歌舞伎に登場する五穀豊穣などを願う舞い）が乗ることもあり、団体ごとに少しずつ変化がみられた。

ほかにもさまざまな継ぎ獅子の演舞を見ることができた。今治市の延喜獅子舞は鳥生獅子舞とは衣装も技も少しずつ違っている。延喜獅子舞のほうは子どもがうっすらと化粧をして鉢巻きをしていて、衣装も派手で手が込んでいる。また阿方《あがた》獅子舞は獅子舞が一頭だけでなく、デザインが違う二頭が激しく舞っ

鳥生獅子舞、獅子の上に乗るのは三番叟

たうえに、天狗も登場する。獅子舞の髪は緑、黄、赤などさまざまな色が使われていてカラフルだ。それでも獅子頭と胴幕を身にまとった獅子舞と、上に上に伸びていく継ぎ獅子が交互に繰り返されるという流れはどの団体もほとんど共通している。また、今回はすべての団体が、子どもが頂点に上がる三継ぎ獅子を演じていて、継ぎ獅子としての型や流れは共通しながらも、各団体ごとに個性があり見どころ満載だった。見飽きることがないアクロバティックな技の数々には感動させられる。

継ぎ獅子の起源は江戸時代中期までさかのぼることができ、先ほど紹介した鳥生獅子舞が最古ともいわれている。きっかけは現在の今治市にある鳥生村三嶋神社で、「祭礼の神輿渡御が貧弱だから獅子舞行列を加えたい」という話が出たことで、氏子総代決議の結果、村人を獅子舞修行に出すことに決まった。春から秋にかけて伊勢大神楽の潮流をくむ獅子舞を習得して、それを村の若衆に教えたのが

愛媛県今治市越智郡大西町九王《くおう》には、「船上継ぎ獅子」と呼ばれる獅子舞がある。海の上に浮かぶ船から上へ上へと伸びていく獅子舞は、物怖じせずにするすると上がる子どもとそれをすべて支え受け止める大人の連携プレーが観客を魅了する。こちらは「三継ぎ獅子」の様子だ（2024年5月19日撮影）

始まりとされている。鳥生の三嶋神社には獅子舞発祥の地の石碑が立っていて、いまも五月の祭礼で獅子が登場する。この由来を考えてみるとわかるように、継ぎ獅子は「魅せる獅子」として導入されたのだ。とはいえ、継ぎ獅子の発祥は明治時代初期という説もあり、おそらく明治になってから現在のような形態に進化していったのではないかと推測される。

なぜ獅子の背がどんどん高くなるのか。それは、天に届くように上へ上へと芸を磨いていくという精神の表れや「神様に近づきたい」という意識が少なからずあったとされる。継ぎ獅子の原型になった伊勢大神楽では人の肩の上に獅子が上がる「二継ぎ」の獅子が演じられるが、継ぎ獅子の場合は三段の三継ぎ、四段の四継ぎが当たり前だ。かつては五継ぎや六継ぎまであったという。そうなると、いちばん下の人は四、五人分の体重を支えるわけだから、相当丈夫な身体と高い技術が必要になるだろう。このように継ぎ獅子は担い手たちの努力によって磨かれた高い技術に支えられ、観客を魅了する獅子舞としていまでも受け継がれている。

4

中国の霊獣・麒麟が登場「麒麟獅子舞」

（鳥取県鳥取市ほか）

鳥取県には麒麟が登場する獅子舞がある。ここでいう麒麟とはアフリカに生息する首が長い動物のことではなく、中国由来の霊獣のことだ。キリンビールのラベルに描かれているあの獣である。麒麟の頭をもつ獅子舞は珍しく、鳥取県と兵庫県の一部地域以外ではほとんどみられない。また、「麒麟獅子舞」というのは対外的な言葉であり、地域の人々は「獅子」「獅子舞」と呼び親しんでいる。この特徴的な獅子舞をぜひ見たいと思い、二〇二一年七月十八日に鳥取県へと向かった。

ＪＲ鳥取駅を出て中心市街地をぶらぶらと散歩していると、道端にさりげなく「麒麟獅子舞」の形をしたベンチが設置されていることに気づいた。「ご自由にお座りください」と日本語・英語、その他の言語で書かれていて、まさに麒麟獅子舞が根付いていることを実感できた。

その後、鳥取城趾に立つ仁風閣（国の重要文化財）でおこなわれる智頭農林高等学校郷土芸能部の麒麟獅子舞の演舞を見にいった。獅子役二人、猩々《しょうじょう》一人、太鼓一人、鉦一人、笛一人をすべて高校生が演じていた。仁風閣を背景に、麒麟獅子舞は最初、獅子をあやす猩々（二九ページの写真を参照）と向かい合う。途中から猩々は抜けて、少しテンポが速くなったものの、演舞のスピードは全体的にゆっくりとしていて、おおらかな獅子舞だと感じた。ここまでゆっくりとした獅子舞というのはなかなか見たことがない。ゆっくりとしたテンポだとかえって舞いの動きに正確性が求められるし、意外と体力を使う舞い方なのではないだろうか。また、暑いなか衣装を着て懸命に演舞する高校生の姿に元気をもらった。

それから鳥取駅に戻って岩美駅まで電車に乗り、駅から徒歩約二十分の場所にある道の駅・きなんせ岩美に移動した。「きなんせ」とは鳥取弁で「おいでください」という意味らしい。ここで十三時から大谷獅子舞保存会による麒麟獅子舞の演舞を見た。猩々がおどけるような動作をして獅子と対峙する。何やら楽しげな演舞が始まったということで、観客が集まり始めた。その後、猩々は休みながらお酒を飲んだり獅子を見守

仁風閣でおこなわれた智頭農林高等学校郷土芸能部の公演

道の駅・きなんせ岩美でおこなわれた大谷獅子舞保存会の演舞

ったりしていた。一方で、麒麟獅子舞はゆったりと舞い続けた。カーン、カーンという鉦の音と、笛の風流な音色が心地よく体に響いてくる。徐々に激しい動作が増えてきたところで終了。十分というあっという間の演舞だったが、ランチやお土産購入などで立ち寄った観光客がたくさん見物していた。演舞のあとは麒麟獅子舞を囲むようにして記念撮影がおこなわれ、子どもからお年寄りまでみんなが笑顔で楽しんでいる様子が伝わってきた。先ほどの仁風閣での演舞と比べると、観客に向けての所作が多いように思えた。

麒麟獅子舞は各地域で舞い方などに多少の違いがみられるものの、いくつか共通する演舞の特徴があるようだ。野津龍『因幡の獅子舞研究』(第一法規出版、一九九三年)によれば、大まかな構造としては前段に猩々が主役となる神降ろしの舞いがあり、中段に獅子舞の中心部分である獅子の神遊び、後段に猩々と獅子が一緒になって神霊の世界に帰る神送りの舞いという三段構成になっている。獅子頭が麒麟の形をしているのはもちろん、

大谷獅子舞保存会の演舞で、麒麟と対峙する猩々

このように舞い方にも共通点がある。

それにしても、なぜこのような特徴的な獅子舞が誕生したのだろうか。麒麟獅子舞はもともと、徳川家康の曾孫にあたる池田光仲が鳥取城主になり、一六五〇年に日光東照宮を鳥取に勧請《かんじょう》して（神仏の分霊を迎えて）現在の鳥取東照宮の前身を作ったことで広まったといわれている。池田光仲は芸能に理解がある人物だったようで、この神社に奉納するための芸能として獅子舞を舞わせた。麒麟の角は神霊を招き下ろすといわれていて、麒麟と対峙する猩々が持つ朱の棒も同様の意味合いをもつ。麒麟は「平和な世の中に現れる」といわれる。戦国時代も終わり、安心して生活できる世の中にしたいという人々の政治的思惑や時代背景と結び付くようにして、麒麟獅子舞が広まったのだろう。江戸時代以前に存在していたという説もあるが、今日おこなわれている麒麟獅子舞の大きな基礎を築いたのが池田光仲だったというのは定説として知られている。光仲が使っていた寝具を獅子の胴幕に採用したなど、獅子舞への愛があふれるエピソードも残っている。

第7章

獅子舞探訪記：九州・沖縄篇

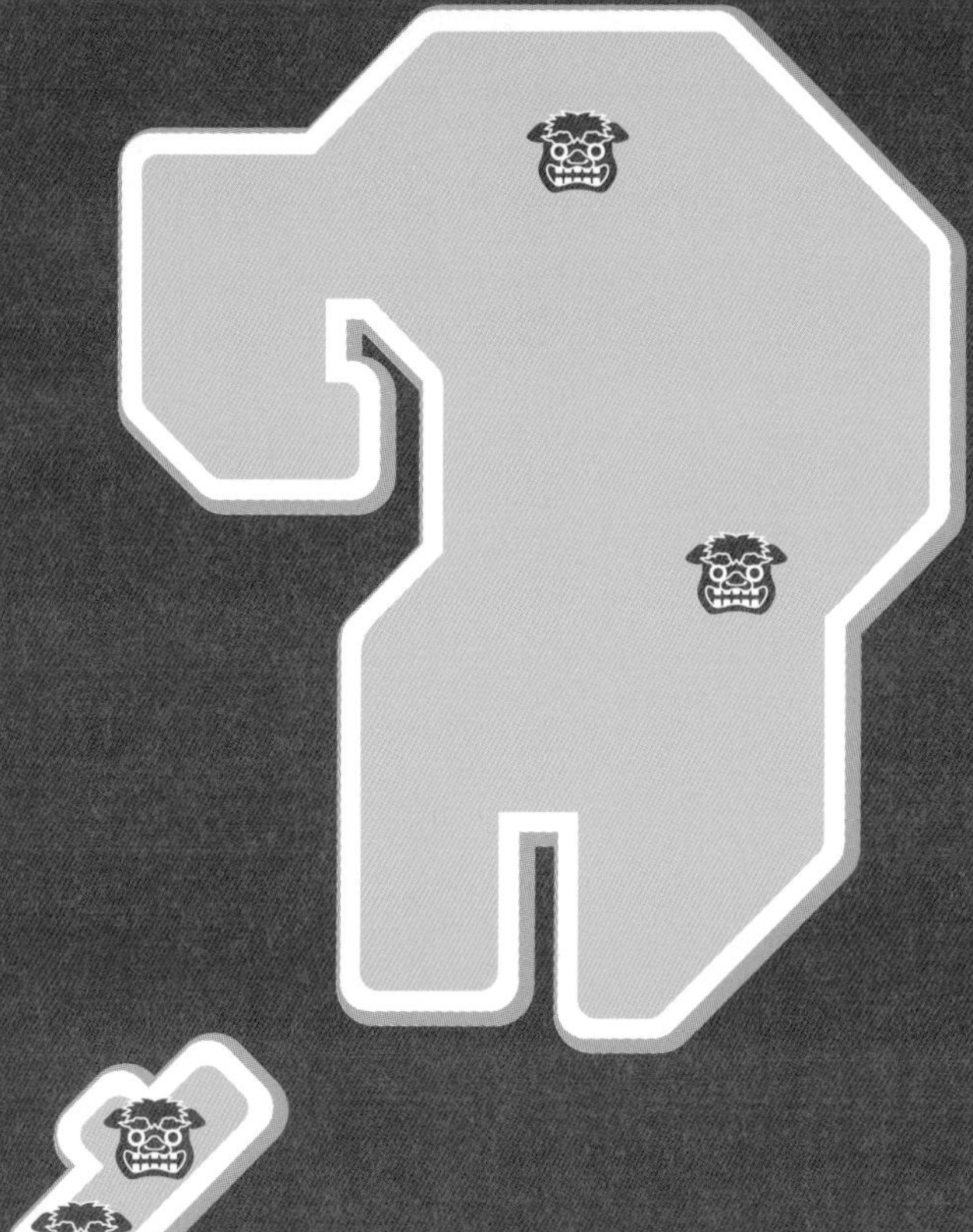

九州地方は、長崎の出島などから中国文化が流入してきた歴史がある。長崎県の長崎くんちや熊本県の八代妙見祭では、中国本土に近い獅子舞の形態が伝承される。佐賀県の唐津くんちでは、巨大な獅子頭の山車が登場する。福岡県の祓い獅子のように舞わない獅子もいる。また、九州の山間部では猪を模した獅子舞が素朴な形で息づく。沖縄県の獅子舞には琉球王朝由来の毛並みがフサフサした獅子舞が存在する。また、操り獅子という形態もある。

1

持つだけで舞わない「祓い獅子」（福岡県福岡市）

家を一軒一軒巡る門付け型の獅子なのに、舞わずにただ獅子頭を持っているだけの獅子がいる。「持つだけで厄祓いがおこなわれるのはなぜだろう。もしかしたら非常に強力な力をもっている獅子かもしれない」などと疑問は膨らみ、「祓い獅子」への関心が高まっていった。祓い獅子は農村、漁村、都市部を問わず広がっていて、福岡市内では約三十カ所で受け継がれている。ただし、博多だけは山笠行事があるので祓い獅子が根付かなかったともいわれている。

二〇二二年八月六日、高速バスと電車を乗り継いで、福岡県福岡市紅葉八幡宮を訪れた。この地域の祓い獅子の由来は、約三百年前にさかのぼる。福岡藩藩主・黒田家の資料『新訂黒田家譜』（川添昭二、福岡古文書を読む会校訂、文献出版、一九八二―八七年）によれば、享保の大飢饉（一七三二年）の翌年、福岡藩の農民十万人以上が餓死したことを受けて、藩主の黒田継高公が領民の安穏な暮らしを願って紅葉八幡宮に祈禱させたと伝わっている。この飢饉の時期に、祓い獅子も始まったという説がある。どこから伝来したのかは不明である。

紅葉八幡宮では毎年八月上旬に「獅子まつり」を開催していて、僕が訪れたときは八月六日十四時に拝殿で祭りが始まった。祝詞の奏上や玉串奉奠のあと、獅子を清める儀式をおこなう。その後、AからDまでの四つの班に分かれて、二頭ずつ計八頭の獅子頭を手に持ち、周辺の商店街を練り歩く。獅子頭は阿吽

1班に2頭ずつの獅子頭。色は赤（雌）と緑（雄）となっている

獅子頭を持って店を一軒一軒巡る。神職の方が大麻《おおぬさ》を振る

で一組になっていて、阿形《あぎょう》が赤色、吽形《うんぎょう》が緑色と決まっている。僕は、サザエさん通りの個人商店を中心に十三軒ほどを回る班について歩いた。あらかじめ告知はしておくらしいが、縦長で上に赤色、下に緑色の獅子頭が載っている御札が貼ってある家や店などを門付けしていく。この御札は紅葉八幡宮の氏子の証しだという。初穂料は茶封筒に入れて手渡され、そのお祓いの証しとして「門祓商売繁盛家内安全祈願御幣紅葉八幡宮」と書かれた紅白のデザインの御幣を手渡す。獅子頭は相変わらず、持っているだけだ。神職の方が大麻《おおぬさ》を振りながら何かを唱える。唱え終わると「ええい！！！」と低くおどろおどろしい声で叫び、それを合図に全員で「家内安全商売繁盛」と唱えて終える。この光景を見た子どもが泣いている姿も見られた。例年は祓い獅子と同時に子ども神輿もおこない、その子どもたちに商店街の人々が水をかけるという様子が見られるが、コロナ禍のため今回は獅子頭の門付けだけになった。一通り回り終え

各班はこの門祓い札が貼ってある家や店を巡る

ると、四つの班は拝殿に戻り、十六時ごろに挨拶がおこなわれたあと、「直会《なおらい》」と呼ばれる宴が始まった。獅子頭は祭り以外の日は地域住民の家の玄関に保管され、それを「お泊まり」と呼ぶそうだ。さらに獅子頭は次の家へと回されていき、それを「獅子回し」というらしい。獅子頭はとにかく街を巡るのだ。舞わない獅子に対して取材前に抱いていた疑問は徐々に晴れつつあった。獅子は舞わずともこの地域で重要な役割を果たしている。それは家の玄関を開けて、地域の人々の縁をつなぐという役割なのかもしれない。

ところで、福岡市早良区の紅葉八幡宮一帯は、近年若者の人口が増えている。かつて商店街には二、三百坪（約六百六十平方メートルから九百九十平方メートル）の家が多かったが、相続税が払えなくなって土地を売る人が増えた。地下鉄の駅まで近く、博多まで電車で一本で出られる立地は魅力的なので、地価が上がってマンションが建ち、人口が増えたのだ。祭りを継続するのに担い手は十分だろうと思いながらも一応地元の人に尋ねてみると、「実は若者が増えていても担い手不足の問題はあります。地元の人とつながらない人が増えたうえに転入・転出が多くて、小学校では一年から六年までずっといる子どもは三分の一くらいですよ」とのこと。今回僕が同行した班では一カ所だけマンションの一階に門祓いにいったが、回るのは個人商店が圧倒的に多かった。「現在、紅葉八幡宮には獅子頭が十八体も保管されていて、これは周辺の各町内で継承できなくなった祓い獅子が集まってくるからです」という話も聞いた。昔は周辺六地区で継承されていたが、現在は三地区（祖原、中西、紅葉高取）にまで減っている。地域の願いが集約されて、紅葉八幡宮に託されてきたのだ。

そのようななか、紅葉八幡宮では祭りの継承のために工夫していることがある。禰宜の話によると「〔獅子まつりでは通常：引用者注〕子ども神輿と祓い獅子を同時に開催しています。子どもがお神輿を担げば、親が祓い獅子に関わってくれるからです。現在、子ども神輿に関わる人が二百人もいるので、必然的に祓い獅子も継承されます。つないでいくためには相乗効果が必要ですね」とのこと。また、この相乗効果について、こんなことも言っていた。「お祭りには静と動があって、動の部分は水をかけあう子ども神輿の部分です。町と一緒になっておこないます。これが楽しければ「また来年も」という声が上がるのです。一方で静の部分は神事としての部分をつないでいくということです」。なるほど、担い手不足などの課題はありながらも、祭りのなかに楽しい部分を作ることで、自然と伝統が継承されていくというわけだ。前述のとおり今回はコロナ禍で祓い獅子だけの開催になったが、今後の開催が待ち遠しい。祓い獅子の地域をつなぐという役割は、子ども神輿によって補完され、さらにすばらしい形で継承されているのだ。

2

七十兆の細胞を震えさせる猪の舞い
「銀鏡神楽」
（宮崎県西都市）

市街地を過ぎると、携帯電話の電波が通じなくなった。家なんて見当たらない山道を川沿いに進んでいく。「こんなところに村があるのだろうか」と不安が増すなかで進み続けること三十分あまり、突如川の岸壁に輝く光がちらちらと見え始め、大勢の人々が集まる神楽の会場が視界に入ってきた。二〇二三年十二月十四日から十五日の二日間、宮崎県西都市の銀鏡《しろみ》神楽を見ることができた。銀鏡神楽に登場する獅子舞は南北朝時代までさかのぼれるほどの古い歴史があり、狩猟文化を根底とした原始的な祈りをいまに伝える。獅子舞研究者として見ないわけにはいくまい。

銀鏡神楽は銀鏡神社の例大祭で奉納される式三十三番までの夜神楽である。十二月十三日の夕方に式一番「星の舞」が舞われ、少し間が空いて、十四日夜に式二番「清山《きよやま》」を舞う。式二番から式三十三番「神送り」までは徹夜で続けられ、終了するのは十五日の午後である。僕が銀鏡神楽の会場である神社に着いたのは十四日の夜だった。銀鏡神楽は始まったばかりで、祭壇には猪の頭が並べられている。この猪の頭は、奇数個でなければいけないそうだ。この場にいると、時間を忘れる。屋根付きの場所で寒さしのぎに布団を敷き、それにくるまって神楽を見つめる人もいれば、立ってカメラを構えてずっと眺めている人もいる。誰も寝る気配がない。深夜の一時ごろに九十歳を超えた老人が式十三番「六社稲荷大明神」の演目で登場して、元気に舞い始めたときはとても驚いた。特に重要な夜だから、老若男女を問わずみんな起き

式29番「獅子舞」

ているのだ。この神楽が老人の命を延ばし、そして輝かせているようにも感じられた。深夜二時を過ぎたころ、僕は次の日になんとしてでも見たい演目があることを思い出し、万全の状態で臨めるように、小・中学校の駐車場に停めた車のなかで車中泊をすることにした。

二日目（十五日）の朝は霧がかかっていた。三十分ごとに目を覚ましながらいまかいまかと時をうかがい、ついに七時に起きて会場に向かった。しっかりと場所取りをして、八時半ごろ、念願の式二十九番「獅子舞」を見ることができた。獅子舞研究者としては最も見るべき演目である。この獅子舞は猪の動きを表現しているらしい。獅子は転んで背中を床にこすりつける「ニタズリ」をおこなう。ニタズリとは毛の間に寄生するダニで火照る体を湿地に転がって冷やす猪の動作で「ニタウチ」ともいい、「のたうちまわる」の語源とされる。また、ニタズリの際に獅子が四方に

式32番「シシトギリ」

式13番「六社稲荷大明神」

張ったしめ縄の外に転げ出ると新年は不作になるという言い伝えがあるが、今回は無事にしめ縄の内側に収まっているようだった。猪には領域があって、人間にも領域がある。互いの領域を超えないように察することが大事なのだ。しめ縄という結界のなかでおこなわれた猪の獅子舞は山の神に尾っぽをつかまれながら、ほどほどに舞い、転がり、引っ込んでいった。わずか六分ほどの、非常にシンプルかつ素朴な舞いだと感じた。

その後、十三時からは式三十二番「シシトギリ」がおこなわれた。これは狩法神事の一つである。ユーモアあふれる場面がありながらも、狩猟の生活文化をしっかりと地域の人々に伝えている。土地の神様、とりわけ山の神や狩りの神に対する猟獲への感謝の気持ちを表現したものだ。それから最終演目である式三十三番「神送り」がおこなわれたあと、無料で猪の粥（シシズーシー）が振る舞われ、僕も一カップ分わけてもらった。濃厚な味で多少臭みはあったが、おいしく食べることができた。

銀鏡神楽保存会会長の濵砂武久さんに猪の粥について教えてもらった。「骨を砕いて、骨の髄と肉を削いだものを一緒に雑炊にするのです。シシズーシーといいます。これを食べると、縄文時代に返った感じがします。宮崎牛ってご存じですか？　三年連続日本一になったのですが、一万円から三万円する部位もあります。「それと猪とどっちにしますか？」と聞かれたときには、質問が終わる前に僕はこの猪をパッととります。それくらい猪というのはおいしくて貴重な食べ物でね。塩焼きで食べたりすると、もうなんというか全身のね、三十兆から七十兆の細胞がドドドドドドドと震えるんです。縄文の雄たけびのような感覚があって、自然と同化する感覚ですね」

また、猪を捕ることについてこうも語っていた。「猪は山のなかでは貴重なたんぱく源で、五十キロから八十キロのものをドンと捕ると、一家五人で食いつなぐことができます。その一方で、焼き畑では蕎麦、粟、稗、大根、小豆、大豆などを作っています。それらはみんな猪の大好物ですから、山の神に猟獲のために猪を増やしてほしいと願ったら、同時に害獣が増えることになるんです。だからほどほどにあんばいよく願うんです。獅子舞のときはしめ縄の結界を張りますが、その結界から猪が出ないように山の神様がついて回るんです。獅子舞にはそういう素朴な信仰形態が反映されています」

十五日の十四時半ごろにすべての演目が終了し、そのあとに宮崎市を経由して鹿児島空港から帰路に就いた。今回の銀鏡神楽の取材では、演舞や食を通して縄文の気配を強く感じた。地域の人々のすぐそばに山の神様がいて、自然に生かされ暮らしていることが伝わってきた。猪は増えても減ってもよくない。野生動物の里下りによる被害や森林伐採による生態系の変化、単一栽培による作物多様性の喪失などが問題になるなかで、持続可能な暮らしとは何かをいま一度考えたい。われわれが銀鏡神楽から学ぶのは、変わることがない自然の摂理と共存する人間の姿かもしれない。

3

糸によって操られる「謝名のアヤチ獅子」

（沖縄県国頭郡今帰仁村）

　那覇からバスに乗り二時間半ほどかけて、今帰仁村に辿り着いた。知り合いの紹介で借りた家に荷物を置いてから、村内の謝名《じゃな》という集落に歩いて向かった。謝名の豊年祭は四年に一度、十五夜の時期（現在は旧暦八月十五日前後の土曜日）に開催されている。二〇二三年九月三十日、待ちに待った祭りの日を迎えた。まずは謝名公民館に向かってみると、そこは祭りの着替え場所になっていた。公民館の方に挨拶をしようと思ったのだが、「事務の人はもう祭り会場のアサギというところにいますよ」ということで、道順を教えてもらって豊年祭の会場へと向かった。

　夕暮れ空に淡い提灯の明かりがともりはじめ、その提灯に沿って歩いた先に祭り会場である「アサギ」があった。大きなテントが張られ、地域住民が続々となかに入っていく。入り口でご祝儀を三千円程度渡す。このご祝儀が祭りの運営資金になる仕組みなのだが、僕は全くこの仕組みを知らず、手ぶらで財布には一万円札だけ。あわててコンビニエンスストアで水を一本買い、一万円札を崩して三千円の紙幣をそろえた。封筒を受け取り、ペンを借りて「ご祝儀」の文字と自分の住所と名前を書き、なんとかご祝儀を手渡すと、祭りのプログラムの日程表とお菓子と飲み物とお礼状をもらった。

　謝名の豊年祭では狂言や琉球舞踊など、さまざまな演目が繰り広げられた。演目の最初に必ず、担い手の紹介をする。そのとき、親子の場合は「〇〇、〇〇の長男、〇〇の次男」というふうに紹介していく。

操り獅子は左の雌と右の雄が黄金の玉に向かい合ってじゃれ合う

子どもの名前を言わずに親の子であることを強調するのは、親を敬うという気持ちが強い地域性のためだろうか。あるいは「〇〇のお嫁さん」「千葉県から引っ越してきた〇〇さん」というふうに紹介することもあった。また会場にいると、おばあさんが箱に入ったお菓子を配り始めたり、撮影をしている僕に地元のカメラマンが声をかけてくれたりと、何かとフレンドリーで親しみやすい人が多かった。演目によっては、おひねりが飛ぶこともあった。

途中、会場を抜けてまた提灯をたどっていくと、少し小高いところに鳥居と社があった。その社のなかには祭壇が設けられていて、太陽と月の模様が描かれた大きな軍配うちわが立てかけてあった。太陽と月は日本全国に存在する芸能の根底を流れる思想であり、インドネシアのバロンダンスのバロンとランダの関係性も思い浮かぶ。帰りは暗闇のなか石段を下り、満月を眺めながら祭り会場へと戻っ

操り獅子の演舞後に獅子に触る時間

た。

演目の最後にアヤチ獅子（操り獅子）が登場した。獅子の頭部と臀部に一本の糸を結び付け、舞台天井の竹や棒に渡して、舞台裏から操る仕組みだ。左の雌と右の雄が黄金《クガニ》の玉に向かい合ってゆったりと舞っているが、その動きが途中からヒートアップしていく。といっても、二頭の獅子が黄金の玉を自分のものにしようと争っているというわけではなく、ただ単に遊んでいるだけなのだ。三味線の音に合わせて、じゃれ合ったり噛み付いたりと躍動感あふれる動きが見られた。演舞が終わったあと、獅子に触れる時間が設けられ、子どもを中心ににぎわっていた。獅子は竹を土台として、頭は紙材で、胴は麻で作られているという。近くから眺めると、生き物感が強く感じられた。

沖縄では二人立ちの獅子舞が一般的で、操り獅子は名護市川上、今帰仁村謝名、本部町伊豆味に伝えられてきた三例だけ。この芸能の始まりは、首里への奉公人、あるいは江戸上りや薩摩上りなどの随行人、中国へと渡った役人がそれぞれ持ち帰ってきた芸能を琉球独自のスタイルにアレンジしたものとも考えられているが、その真相は定かではない。わかっているのは、本部町伊豆味の操り獅子は大正

豊年祭の日は美しい満月が夜空を照らしていた

期に今帰仁村謝名から伝わったということだけである。操り獅子は二〇〇四年に国の「記録作成等の措置を講ずべき無形の民俗文化財」として選択された。東アジアとつながる大きな歴史を秘めながら、いまでも小さな村の素朴な祭りとして大事に大事に継承されているのだ。

4

アメリカから返還された獅子頭
「首里真和志町の獅子舞」
（沖縄県那覇市）

沖縄の獅子舞はかつて、琉球王朝を訪れた海外からの使節をもてなす場で披露された。使節を飽きさせないために毎回違うデザインのものを持つ必要があり、一度作ったものは地域に譲り渡されたため、これが獅子舞普及の一種の起爆剤になった。首里真和志町も首里城のお膝元で王朝から直接獅子頭を授かった由緒ある町だ。この獅子舞は長い間途絶えていたが、近年、熱い思いあふれる担い手たちによって復活した。その熱量を体感したいという思いもあり、二〇二三年十月一日、首里真和志町の十五夜の獅子舞を取材した。

演舞は夕方十六時半に、首里城の園比屋武御嶽《そのひゃんうたき》石門《いしもん》前から開始。園比屋武御嶽石門は守礼門に近く、首里城の入り口にも近い場所だ。まずは石門を拝み、そして棒術を披露してから獅子舞の演舞がおこなわれた。やはり沖縄の獅子舞らしくふさふさとした毛並みを揺らし、生き物感にあふれる姿で、同時に激しさも感じられた。演舞後は獅子に頭を噛んでもらう時間があったが、獅子があまりに大きすぎるのか、激しすぎるのか、ときにはギャーと泣き叫ぶ子どももいた。二十分ほどの演舞だった。首里城という世界遺産が近くにあるために、観光客も珍しい機会に立ち止まって獅子舞を心躍るように見つめていた。

そのあとの「道ジュネー」では、地域の家々を回った。沖縄特有の細い路地を大きな獅子舞がぐんぐん進んでいき、向こうから来る車や人を通せんぼして道を譲る気配もない。個人宅の庭先までぐんぐん進ん

真和志クラブ前で煌々と照らされた獅子の演舞

道ジュネーでは、祝儀袋を口で受け取った獅子が頭を噛んでくれる

でいく獅子舞は無礼講といわんばかりに堂々としていて、子どもたちは「獅子が侵入してる！　シーサーが動いている！」などとワイワイ騒いでいた。また、身長百八十センチほどの担い手が獅子に入ったときは、高さが出て迫力があり、パクパクと口を噛み合わせる動作は非常に激しかった。

最後の演舞は、真和志クラブでおこなわれた。ここは公民館のような場所であり、獅子頭などの獅子舞道具が保管されている。十八時半ごろに到着して、最終演舞に向けて準備が進められた。取材者である僕にまで缶ビールが手渡され、すでに飲み会状態のような感じになってきた。食事もずらりと並んでいる。獅子が最後の演舞を始めたのが十九時ごろ。大回りや毬取りの演目がおこなわれ、毬と戯れる演舞が印象深く、同時に暗闇に光る獅子は神々しく見えた。こうして十九時半ごろにすべての演目が終了した。

終了後の飲み会に誘ってもらい、そこで担い手の方から貴重な話を聞くことができた。沖縄戦で失われた獅子頭が二〇二三年六月、七十八年ぶりにアメリカから返還されたという話だった。きっかけは高校生の担い手が那覇市歴史博物館のウェブサイトで、首里真和志町の昔の獅子頭の写真を見つけたことだった。いまの獅子頭とデザインが違っていて「あれっ？」と感じたという。それで詳しく調べてみると、アメリカ兵が戦利品として獅子頭を持ち帰った写真も見つかり、「これはいまでもアメリカにその実物が残っているかもしれない」と思ったそうだ。そこで現在の獅子舞保存会の副会長を務める山城秀倫《ひでみち》さんが「Facebook」でその持ち主らしき人を調べて何人か候補を探し出し、二二年九月にメッセージを送った。すると二三年四月、沖縄戦当時アメリカ兵だった人の娘さんから返信が届いたのだ。メールで連絡をとりましょうということになったが、最初は相手も半信半疑だったのだろう。質問をたくさん送ってきたそうだ。それに丁寧に返事をしているうちに信頼感が生まれ、獅子頭が沖縄に返還されることに決まった。この獅子頭の返還は地域住民にとって、本当に奇跡的ですばらしい出来事になった。アメリカから送られてきたダンボールを開封する際には多くの地域住民が駆け付けてきて、とても感動したそうだ。

戦後に制作され受け継がれてきた獅子頭（左）とアメリカから返還された獅子頭（右）

その話を聞きながら、僕のなかにも獅子舞に対するさまざまな思いが込み上げてきたのと同時に、獅子舞の役割をあらためて実感することになった。獅子舞は地域を一つに結び付ける存在なのである。ほかにも沖縄にはアメリカ軍が獅子頭を持ち帰ったという話がいくつかある。また獅子頭が沖縄戦で焼失したという話も多い。沖縄の獅子舞を考えるうえで、戦争との関連は大きなテーマだ。地域の神様として崇められている獅子頭を喪失し、それがまた手元に戻ってくることで気づかされることがある。獅子舞はまさに、地域の心の支えになっているのだ。

まとめ

——獅子舞文化の多様性

獅子舞の物語を集めることは、土地ごとの獅子舞の独自性やつながりを知ることでもあった。長野獅子踊り（岩手県）と獅子神御祈禱神事（三重県）に伝えられる起源説の対照性は興味深い。前述のように長野獅子踊りでは「聖武天皇の奥方が病気の際に「ししの胎児」の薬効によって全快したことから、しし神を祀り踊りをおこなった」という話が伝わっている。しかし、同じく聖武天皇の命によって獅子舞が始められたとする獅子神御祈禱神事では「人間の心に動物霊が宿ると動物的になり、戦争をしたり殺人を犯したりする。そこで百獣の王である獅子に動物霊を追い払わせる」と伝わる。獅子（しし）に対する考え方の違いがこれほどまでに端的に表れた事例は珍しく、日本列島の獅子舞文化の多様性が感じられる。

また類似例を見かけることも多く、ヤマタノオロチと獅子舞との関連性は面白い。三重県伊勢市の御頭神事ではヤマタノオロチの七起こしの舞いが伝わり、新湊の獅子舞（富山県）では獅子がトグロを巻き、また獅子にお酒を飲ませて剣で斬る。愛知県の花祭りでは、獅子舞の役割がヤマタノオロチと似ているともいわれている。また、日本全国には箕を使った獅子舞の物語も豊富だ。箕獅子（三重県）をはじめ、石川県能登半島や北海道浦幌町など箕と関わりがある獅子舞が各地に点在していて、農民文化としての獅子舞の原点を感じる。

日本全国で約七千の獅子舞が実施されているといわれるなかで、重要な獅子舞はまだまだ多い。例えば、歴史が古い獅子舞でいえば、隠岐国分寺蓮華会舞（島根県）は、平安時代から伝承される歴史ある舞楽で

三重県鈴鹿市椿大神社《つばきおおかみやしろ》で3年に1度おこなわれる「獅子神御祈禱神事」の起源は1,300年以上前で、聖武天皇の時代に椿の木で獅子頭を作ったと伝えられている。それ以前にも伎楽の獅子は存在していたが、大陸由来の獅子舞としては最初期段階の獅子舞と考えられる（2024年2月11日撮影）

あり、ここにも獅子が登場する。また、特徴的な獅子舞でいえば、琴路の獅子舞（佐賀県）は顔が平べったい獅子舞であり、かけ声が「あばばばい」と独特だ。「波伝谷春祈禱」（宮城県南三陸町）では豆腐をくわえる獅子舞が登場する。また、毛がふさふさした「毛獅子」（兵庫県）という形態も特徴的だ。はしごの上で獅子が演舞する「梯子獅子」という形態も日本各地に存在する。本書では紹介しきれないほどたくさんの獅子舞が、日本全国にはあふれているのだ。

また全国各地に「獅子舞を感じられる場所」もある。獅子宿熕亭（山形県長井市）は、地域特有の黒獅子の獅子頭を見たり、蕎麦やお餅を食べたりできる食事処だ。オーナーの渋谷正斗さんは獅子頭職人である。また獅子ワールド館（石川県白山市）は、世界の獅

岐阜県関市の「どうじゃこう」と呼ばれる謎深い民俗行事に登場する箕獅子は、竹箕に和紙を貼った頭と、菰筵《こもむしろ》ともいう藁を縦横に編んだ胴幕によって構成される異形の風貌である（2024年4月21日撮影）

難波八坂神社・獅子殿（2020年6月29日撮影）

子舞が展示されている博物館だ。難波八坂神社（大阪府難波）には巨大獅子頭の形をした「獅子殿」という社殿がある。また地域によっては、獅子舞の門付けを断るために警察署が発行した「獅子舞お断り」の看板を見ることもある。僕は埼玉県川口市、愛知県名古屋市、兵庫県神戸市、大阪府東大阪市、広島県呉市などで見たことがある。また「獅子封じ塚・獅子塚」も全国的に分布している。これは疫病を鎮めるために獅子頭が埋められた場所で、埼玉県吉見町や長野県飯田市などで見ることができる。獅子舞文化は多様であり、まだまだどこまでも掘り進めていけそうだ。

引用・参考文献

安彦好重『出羽の民俗芸能――その源流を探る』みちのく書房、一九九七年

荒木菊男、新湊市教育委員会編『新湊の獅子舞――伝統芸能』新湊市教育委員会、一九九五年

石倉敏明「獣の肉を食い、獅子の腹から生まれる――獣頭芸能に見る複数種の想像力」、奥野克巳／近藤祉秋編『たぐいvol.3』所収、亜紀書房、二〇二一年

「伊勢郷土史草」第二十号、伊勢郷土会、一九八一年

伊勢市編『伊勢市史 第八巻 民俗編』伊勢市、二〇〇九年

猪股ときわ「異類に成る――「乞食者詠」の鹿の歌から」「日本文学」第五十八巻第六号、日本文学協会、二〇〇九年

射水商工会議所魅力発信プロジェクト『新湊歴史ヒストリアVolume8 新湊伝統文化獅子舞さんぽ』射水商工会議所魅力発信プロジェクト、二〇二三年

NPO法人ちば・生浜歴史調査会創立十五周年記念特別展示「椎名崎の雨乞い・雨降りガッコ展」パンフレット、二〇二二年

大島新一「祇園祭の歴史的背景とその変遷――神々の祭り・人々の祭り」、八木透編著『京都の夏祭りと民俗信仰』所収、昭和堂、二〇〇二年

沖縄県教育庁文化課編『操り獅子調査報告書 沖縄県文化財調査報告書 第148集』沖縄県教育委員会、二〇〇九年

「北上市の民俗芸能 分布と概説」、熊谷保／加藤俊夫『北上民俗芸能総覧――伝統文化伝承総合支援事業』所収、北上市教育委員会、一九九八年

岐南町『ふるさとの文化財』岐南町、二〇〇三年

岐南町編『岐南町史 通史編』岐南町、一九八四年

岐南町民俗資料集編纂委員会編『民俗資料集6 伏屋の獅子芝居編』岐南町歴史民俗資料館、一九九〇年

岐阜県教育委員会編『岐阜県の民俗芸能――岐阜県民俗芸能緊急調査報告書』岐阜県教育委員会、一九九九年

岐阜県の地芝居ガイドブック制作委員会編著『岐阜県の地芝居ガイドブック』岐阜女子大学地域文化研究所、二〇〇九年

「京都 中堂寺六斎会」(http://kyoto6931.com)[二〇二四年二月三日アクセス]
久保田裕道『日本の祭り解剖図鑑――その起源と日本人の信仰がマルわかり』エクスナレッジ、二〇一八年
小島一男『会津彼岸獅子』私家版、一九七三年
小寺融吉「固有の獅子と輸入の獅子」「民俗芸術」第三巻第一号、民俗芸術の会、一九三〇年
小林経広編、長野県民俗の会監修、坂口清一写真『目で見る信州の祭り大百科』郷土出版社、一九八八年
小林幹男『信濃の獅子舞と神楽――祈りの芸能』信濃毎日新聞社、二〇〇六年
小湊米吉『角兵衛獅子――その歴史を探る』高志書院、二〇〇〇年
近藤晴清『愛媛のまつり』新居浜観光協会、一九七二年
「酒田民俗」第四号、酒田民俗学会、一九九七年
佐藤源治『獅子と獅子舞――山形県を中心に』獅子玩具館、一九九一年
獅子博物館「第9回全日本獅子舞フェスティバル白岡 資料集」獅子博物館、二〇二三年
獅子博物館『第9回全日本獅子舞フェスティバル白岡2023第15回獅子博物館表彰式開催記念 日本の獅子舞――その歴史と分布』獅子博物館、二〇二三年
白鷹町教育委員会『しらたかの獅子舞――平成元年度』白鷹町教育委員会、一九九〇年
鈴木武司『伊勢大神楽』私家版、一九九二年
瀬戸内海歴史民俗資料館編『香川県の民俗芸能――平成八・九年度香川県民俗芸能緊急調査報告書』瀬戸内海歴史民俗資料館、一九九八年
高瀬町文化財保護協会編『さぬきの獅子舞――西讃地方を主として』高瀬町教育委員会、一九八九年
鷹田義一『獅子舞史考』私家版、一九九〇年
髙橋裕一「「獅子舞」の歴史と文化、青淵翁ゆかりの獅子舞」「青淵」二〇一八年三月号、渋沢栄一記念財団
髙橋裕一「獅子舞の定義と構造・分布」、藝能学会編集委員会編「藝能」第五号、藝能学会、一九九九年
田邊三郎助「日本の獅子頭の変遷――形態と技法」、町田市立博物館編『獅子頭――西日本を中心に』(「町田市立博物館図録」第百五集)所収、町田市立博物館、一九九七年
秩父市教育委員会『浦山の獅子舞――埼玉県指定無形民俗文化財』秩父市教育委員会文化財保護課、二〇一三年
鳥海町教育委員会編『本海番楽――鳥海山麓に伝わる修験の舞』鳥海町教育委員会、二〇〇〇年

東京文化財研究所無形文化遺産部、シシマイ学会編『シシマイブック』東京文化財研究所、二〇二四年
遠野市立博物館『遠野の民俗芸能　シシ・シカ・ゴンゲン――遠野のしし踊りをめぐって：遠野市立博物館第45回特別展』遠野市立博物館、二〇〇二年
「特集　おしっさま」、長井市地域文化振興会編「長井のひとびと」第十二・第十三合併号、長井市地域文化振興会、一九九七年
鳥取県教育委員会事務局文化財課編『「因幡の麒麟獅子舞」調査報告書――国選択記録作成等の措置を講ずべき無形の民俗文化財』鳥取県教育委員会、二〇一八年
二宮大『阿方獅子舞・昭和～平成の歩み』原印刷、二〇〇七年
野津龍『因幡の獅子舞研究』第一法規出版、一九九三年
濵砂武昭、須藤功写真『銀鏡神楽――日向山地の生活誌』弘文堂、二〇一二年
二見町史編纂委員会編『二見町史』二見町役場、一九八八年
堀田吉雄編『伊勢大神楽』伊勢大神楽講社、一九六九年
「本海獅子舞番楽」、文化庁文化財部監修「月刊文化財」二〇一一年三月号、第一法規
本田安次「獅子舞考」「日本民俗学」第五巻第一号、日本民俗学会、一九五七年
宮古市教育委員会編『黒森神楽』宮古市、二〇〇八年
宮古市教育委員会編『「陸中沿岸地方の廻り神楽」報告書』（文化庁・岩手県助成事業）、宮古市、一九九九年
持田諒『岐阜県の地芝居を育む人と風土』岐阜女子大学、二〇〇九年
元森絵里子「角兵衛獅子はいかにして「消滅」したか――「近代的子ども観の誕生」の描き直しの一例として」「明治学院大学社会学・社会福祉学研究」第百五十二号、明治学院大学社会学会、二〇一九年
安田文吉／安田徳子『ひだ・みの地芝居の魅力』岐阜新聞社、二〇〇九年
柳田國男「獅子舞考」「民俗芸術」第三巻第一号、民俗芸術の会、一九三〇年
山路興造「獅子の芸能」、町田市立博物館編『獅子頭――東日本を中心に』（「町田市立博物館図録」第九十八集）所収、町田市立博物館、一九九六年
山本行隆『椿大神社二千年史』たま出版、一九九七年
「湯浅大宮 顯國神社」（http://www.kenkoku.sakura.ne.jp/index9.html）［二〇二四年二月二十一日アクセス］

第1章
第2章
第3章
第4章
第5章
第6章
第7章
引用・参考文献

「Youtube」チャンネル「Garaman Hall」の動画シリーズ「がらまん文化講座」（講師：又吉恭平さん〔琉球古典音楽演奏家〕）。「②沖縄獅子舞の歴史」（https://youtu.be/EXVtq84ezYQ?si=tLZMo1K4WyUlhLcL）［二〇二四年二月二十九日アクセス］、「③沖縄獅子舞の特徴」（https://youtu.be/1eFtp4sNMOE?si=jmDT-ekBtW1RQgeT）［二〇二四年二月二十九日アクセス］

由利本荘市教育委員会／にかほ市教育委員会編『鳥海山北麓の獅子舞番楽――国記録選択無形民俗文化財調査報告書』秋田県由利本荘市教育委員会、二〇一九年

『令和四年壬寅歳　飯田お練りまつり公式ガイドブック』外縣大宮諏訪神社飯田お練りまつり奉賛会、二〇二二年

和歌山県文化財研究会編「きのくに文化財」第四十三号、和歌山県文化財研究会、二〇一〇年

あとがき——あらためて獅子舞とは何か

日本全国の獅子舞を五百以上取材してきたが、本書で紹介できるのはわずかな獅子舞だけだった。どれも魅力的な獅子舞ばかりで、どれにしようかと熟考せざるをえない。最終的には「こんな獅子舞あったの!?」と、自分なりに驚きや発見があったところを重点的に取り上げることにした。獅子舞の形態をどんどん拡張して、徳島県の徳米座のように人形が操るものや、福岡県の祓い獅子のように舞わないものも獅子舞の一種として所収している。獅子舞の可能性を探求する意味も込めて、獅子舞の一線を超えそうな獅子舞も積極的に紹介しているのだ。国指定の重要無形民俗文化財に指定されている獅子舞から順々に紹介することもできたが、本書では文化財にこだわって選んだわけではない。儀式性が高くて人があまり訪れないものから、観光の目玉として人を引き寄せるような獅子舞まで、幅広く紹介している。この先に獅子舞とは何かという問いの答えの片鱗が浮かび上がるのではないだろうか。なお、紹介する獅子舞の都道府県に偏りが出てしまうことは、獅子舞実施数や種類の多寡などの観点からお許しいただきたい。

ところで、本書はさまざまな方々のご協力のもとで完成した。二〇一八年末に獅子舞の研究を始めた当初は稲村の個人ブログに投稿していたのが、一九年には他社のウェブメディアへの寄稿が始まった。とりわけ掲載した半数以上の獅子舞はオマツリジャパンのウェブサイト内にある「マツログ」というコーナーに寄稿したものだ。本書には、当時書いた記事を再編して所収している。交通費や宿泊費などを出していただいたことも多く、大変感謝している。また、数々の写真を撮影することができたのは、東京写真学園に通ったからこそだ。講師で写真家のうつゆみこさんにも撮影の相談に乗っていただき大変助かった。そして本書の刊行を決めて伴走してくださった青弓社の小林純弥さんをはじめとする方々や、写真や文章の掲載を許可してくださった日本全国の獅子舞団体、取材のサポートや情報提供をしてくださった多くの関係者の方々にお礼を申し上げたい。また、この活動について理解ある家族にも感謝する。

今後はさらに取材を続け、「獅子舞とは何か」という問いをより深く掘り下げていきたい。日本で最も数が多い民俗芸能であり、七千以上の地域で受け継がれている獅子舞の全体像の輪郭を描くだけでも大変なことではあるが、そうすることでみえてくるものが必ずあるはずだ。ここ二十年間で約千もの地域で獅子舞が途絶えてしまっているともいわれるなかで、獅子舞がこれからの時代を生きるわれわれに語りかけてくるかすかなメッセージを拾い集めたい気持ちは強まっている。伝統の継承、地域共同体の創造、演舞の楽しさ・面白さ、獅子舞の造形の美しさなど、さまざまな着眼点から可能性は広がっていくだろう。また、日本だけでなく、インドから中国、朝鮮半島、東南アジア、ロシアなどにも類似の文化が存在することを忘れてはいけない。日本だけではなく広域的な視点から、獅子舞とは何かを再度考えて比較・検討したい。人類がこの得体の知れない、だが魅力あふれる「ケモノ」にどんな希望を託し、受け継いできたのか。その答えは、より広い視点で獅子舞を考えた先にみえてくるだろう。

[著者略歴]
稲村行真（いなむら ゆきまさ）
1994年生まれ
中央大学法学部卒業、東京藝術大学大学院映像研究科修士課程在籍
獅子舞研究者、文筆家、美術家、加賀市獅子舞を応援する会顧問（石川県）、獅子舞ユニット「獅子の歯ブラシ」所属。埼玉県白岡市獅子博物館奨励賞受賞（2023年11月）。日本全国500件以上の獅子舞を取材して記事を執筆している
著書に『我らが守り神――石川県加賀市の獅子頭たち』（私家版）、『獅子舞生息可能性都市』（100BANCH）など

ニッポン獅子舞紀行《ししまいきこう》

発行 ――― 2024年 7月25日　第1刷
　　　　　 2024年11月25日　第2刷

定価 ――― 2400円＋税

著者 ――― 稲村行真

発行者 ――― 矢野未知生

発行所 ――― 株式会社青弓社
〒162-0801 東京都新宿区山吹町337
電話 03-3268-0381（代）
http://www.seikyusha.co.jp

印刷所 ――― 三松堂

製本所 ――― 三松堂

ISBN978-4-7872-2103-2　C0026

大谷 亨

中国の死神

2年半に及ぶ中国でのフィールドワークに基づきながら、中国の死神である「無常」の歴史的変遷を緻密にたどり、妖怪から神へと上り詰めたそのプロセスや背景にある民間信仰の原理を明らかにする中国妖怪学の書。 **定価2600円＋税**

吉野りり花

日本まじない食図鑑

お守りを食べ、縁起を味わう

季節の節目の行事食や地域の祭りの儀礼食、五穀豊穣を願う縁起食など、願いを託して食べられるものを〈まじない食〉と定義して、日本全国に息づく「食べるお守り」とその背景にある民俗・風習をカラー写真とともに紹介する。 **定価2000円＋税**

青柳健二

全国の犬像をめぐる

忠犬物語45話

忠犬はハチ公だけではない。雪崩から主人を救った新潟の忠犬タマ公、小樽の消防犬ぶん公、郡上の盲導犬サーブ、松山の目が見えない犬ダン……。全国各地の忠犬・愛犬の像約60体をたずね歩き、カラー写真と来歴で顕彰する。 **定価1800円＋税**

八岩まどか

猫神さま日和

福を呼ぶ招き猫、養蚕の守り神、祟り伝説の化け猫、葬儀で棺桶を奪う猫、恩返しをする猫、暮らしや安全を守る猫、踊り好きな猫……。各地の猫神様を訪ね、由来や逸話、地域の人々の信仰心を通して猫の霊力を生き生きと伝える。 **定価1800円＋税**

君島彩子

観音像とは何か

平和モニュメントの近・現代

戦争死者慰霊、ランドマーク、地域振興――。戦争や社会状況、人々の信仰や思いを背景に時代ごとに性格を変えながらも、平和の象徴として共通認識されることでモニュメントとして独自の発展を遂げた観音像の近・現代史を描く。 **定価2400円＋税**